O OBSERVADOR

E OUTRAS HISTÓRIAS

LACHÂTRE

pelo médium

JÁDER DOS REIS SAMPAIO

Diversos Espíritos

O OBSERVADOR

E OUTRAS HISTÓRIAS

Programação visual da capa:
César França de Oliveira

Revisão
Alexandre Caroli Rocha

Instituto Lachâtre
Caixa Postal 164 – CEP 12914-970
Bragança Paulista – SP
Telefone: 11 4063-5354
Site: www.lachatre.org.br
E-mail: editora@lachatre.org.br

1ª edição – Agosto de 2013
Do 1º ao 1.000º exemplar

Impresso no Brasil
Presita en Brazilo

CIP-Brasil. Catalogação na fonte

Sampaio, Jáder dos Reis, 1965 –

O observador e outras histórias / Jáder dos Reis Sampaio/Espíritos diversos – 1ª ed. – Bragança Paulista, SP : Lachâtre, 2013.

ISBN: 978-85-8291-002-3
128 p.

1.Espiritismo. 2.Crônicas. I. Título. II. Notas. III. Índice temático. IV. O médium.

CDD 133.9 CDU 133.7

SUMÁRIO

Apresentação, 7
Narrativas espirituais em uma reunião mediúnica,13
Tributo, 17

Parte 1 – Relatos de sofrimento psicológico
1. Duas vidas, 23
2. Desatino, 29
3. Anorexia e obsessão, 33
4. Uma mulher infeliz, 37
5. O visitante, 41
6. Interesses, 45
7. Piedade, 49
8. Dureza no coração, 53

Parte 2 – Relatos de crimes, ódio ou perseguições
9. O observador, 59
10. Sombra do ódio, 63
11. Obsessor, 67

12. Crimes de polícia, 71
13. Mentiras de guerra, 75
14. História infeliz, 79

Parte 3 – Reflexões e instruções
15. Saudades, 85
16. A bênção do esquecimento, 89
17. História de uma mulher católica, 93
18. História de uma médium, 97
19. A creche, 99
20. Uma espírita retorna, 101
21. Uma voz do velho continente, 103
22. Satisfação, 107
23. Evangelização infantil, 109
24. Reflexões de uma camponesa, 113

Índice temático, 117

Apresentação

É extremamente gratificante apresentar esta obra cujo texto narrativo confirma, o que já, há alguns anos, vimos nos dedicando na pesquisa acadêmica. O autor, também docente universitário, se nos apresenta de modo franco, expondo um outro lado de sua individualidade que não aquela a que estávamos acostumados a conviver. Nesta obra, o professor deixou de lado sua titulação para acrescentar em seu currículo a experiência de vivenciar em si próprio o experimento a ser observado por nós outros. É que, aqui, o docente acadêmico mostra-se médium, lança-se conscientemente, com disciplina e responsabilidade, a outras dimensões da vida, com o propósito voluntário de servir como terapeuta.

De nossa parte, lançamos com astúcia e espírito crítico à leitura do texto, dos relatos, depoimentos, narrativas daqueles que, por intermédio de Jáder, exercitam a fala silenciosa do pensamento, mente a mente, discorrendo sobre o passado e o novo sentido que encontraram na existência. São espíritos os que ‘falam pensando’ cujas ondas mentais alcançam a mente do autor e, enquanto relatam, exercitam aquilo que vimos chamando de terapia evolutiva e involutiva, espécie de introspecção como via de mão dupla, na qual, ao mesmo tempo em que expõe as dores, culpas ou sofrimentos mais íntimos, o espírito, de posse parcial de sua memória de vivências e personas anteriores, também compartilha com nós outros suas renovadas esperanças por haver encontrado um novo sentido para sua existência. O movimento da fala/pensamento é então evolutivo, porque, ao narrar a própria experiência, ao mesmo tempo em que interage e usa sua 'fala' como terapia para si e para outrem, estaria o espírito, no exercício de introspecção, conhecendo a si mesmo, num movimento involutivo, no sentido para dentro de si, ao mesmo tempo em que evolutivo, para fora de si, compartilhando e espalhando esperanças renovadoras a outros.

De acordo com a teoria doutrinária espírita codificada por Allan Kardec, o sentido cristão da existência, ou seja, a filosofia da história do espiritismo, seria a busca contínua pela evolução moral, observando as leis de Deus, as quais se encontram na consciência de cada individualidade. Daí a necessidade do exercício da memória, tão bem exposto nesta obra. Ao conhecer os relatos e depoimentos de cada um dos participantes, o leitor observará então o sentido e a razão intrínseca da decisão do autor em publicá-los. É que, sem rememorar, o espírito não completaria o sentido da história, ou melhor, de sua própria história, fato que em nosso modo de compreender se resume em involução e evolução.

Rememorar em pensamento, falar para dentro de si, esta é a ação do espírito que o médium Jáder transcreve no papel. Esta ação terapêutica é revelada claramente em algumas falas, quando o espírito desabafa esclarecendo que, após falar de si, contar sobre seu passado e sobre suas novas esperanças, já não se sente mais em perturbação, mas sim aliviado, confortado.

Nesta obra, o leitor perceberá que o consultório terapêutico transcende o que se observa comumente como uma simples sala da instituição espírita. A fala dos espíritos, quando permitem diálogos nas reuniões denominadas por desobsessão, possibilita aos ouvintes e dialogantes esclarecedoras conversas instrutivas, as quais resultam, segundo tese do médico Adolfo Bezerra de Menezes, apresentada no final do século 19, em terapias preventivas ao desenvolvimento da loucura em suas mais distintas nuances, ou prismas, se preferirem.

Nesta obra, o método terapêutico é outro. Os demais participantes da reunião mediúnica não conseguem ouvir a fala do espírito por meio do médium. Com instrumental mediúnico já desenvolvido, o autor coloca-se como instrumento para a escrita psíquica, ou psicografia, via intuição. A disponibilidade socorrista do médium que se dispõe a emprestar seus 'ouvidos psíquicos' a espíritos que se encontram em dimensões diferentes de vida que não a nossa, para, em seguida, como diria Pietro Ubaldi, captar ou apreender por síntese, em espécie de aceleração mental, na qual o ritmo, renovado, prossegue além do pensamento, dos sentimentos e da condição moral, transcrevendo para o papel tudo que 'ouviu,' sentiu e observou. Desta tradução complexa, a mediunidade de psicografia intuitiva transcorre num tempo diferente ao nosso. Bergson, chamaria de *duração pura*, espécie de dinamismo do ser, que, sob o véu da instrospecção psicológica, faz com que a consciência se concentre em si mesma ou, em outras palavras, quando a visão simples consegue abarcar a totalidade, adiantando-se à análise racional, de modo a alcançar maior amplitude sem mediação do discurso, não se conseguindo, no entanto, nem sempre, se expressar em ideias claras ou em demonstrações.

Destas idas e vindas do médium na psicografia intuitiva, enquanto está "lá, ouvindo e compartilhando do ser/estar de espíritos", também sabe de modo consciente que está ao mesmo tempo/duração/ritmo na sala da casa espírita em meio a seus companheiros. Seu esforço ainda deve se concentrar, no impulso pela narrativa decodificada em símbolos de nossa atual grafia, para traduzir, de modo mais fiel possível, a síntese da 'fala que ouviu' dos espíritos, que nada mais é que a somatória de pensamentos afinados para a tradução. Não foi, no entanto, à toa que o autor, sem nem mesmo saber, pôde há alguns anos tornar-se tradutor de obras, tais como as de Russel Wallace (*Diálogo com os céticos* e *O aspecto científico do sobrenatural*) Era a espiritualidade preparando-o para traduções diferentes e, quem sabe, mais complexas.

Nesta apresentação, pedimos ainda permissão aos leitores para que observem nos parágrafos anteriores quantas vezes tratamos de expressar a importância pela busca de sentido existencial. Dissemos que os relatos e depoimentos revelam que seus autores buscam ou já encontraram um sentido para a vida, já compreendida na palingenesia. Dissemos também que a filosofia da história busca o sentido da história, ou seja, o sentido para o que passou, para o presente e para o futuro. Dissemos ainda que a terapêutica da desobsessão é preventiva para a loucura, concluindo que provoca uma ruptura num processo que vinha se desencadeando e proporcionando um novo sentido na vida de todos os envolvidos, de modo interdimensional, como dizem os integrantes do segmento cultural espírita, entre encarnados e desencarnados.

Ocorre que não podemos deixar de analisar os relatos e depoimentos narrados nesta obra, paralelamente ou analogicamente, com o que propõe um outro método terapêutico, a logoterapia desenvolvida por Viktor Frankl. A logoterapia, no dizer de Frankl, seria um sistema baseado em três pilares, sendo o primeiro a liberdade de escolha, o segundo, a vontade de sentido e o terceiro, o sentido da vida. Para a logoterapia, a busca de sentido na vida é a principal força motivadora no ser humano.

Um dos princípios da logoterapia, diferente de outras terapêuticas, inclusive da desobsessão, é que o terapeuta não pode e nem deve dar o sentido à vida do paciente. É o próprio paciente que, com a ajuda do terapeuta, acaba por aprender a refletir e, independentemente, precisa encontrar o sentido de sua existência. Sentido, segundo Frankl, não pode ser dado, mas precisa ser encontrado pelo próprio paciente. O sentido, como a logoterapia o entende, seria uma espécie de potencialidade latente em cada situação. Somente encontrando o sentido da existência, o paciente desenvolveria a esperança, vital para a harmonia e o equilíbrio. Na busca pelo sentido, seria então a consciência a responsável por orientar a pessoa humana. Em síntese, a consciência seria um órgão de sentido, uma vez que pode ser definida, segundo Frankl, como a capacidade de procurar e descobrir o sentido único e exclusivo oculto em cada situação. A consciência, sendo para Frankl essencialmente intuitiva, seria a responsável por descobrir configurações de sentido não apenas no que percebe como real, mas como também no possível, razão pela qual a logoterapia privilegia o despertar da vontade de sentido. A falta de sentido levaria ao vazio existencial, desdobrando-se em enfermidades diversas, tais como a depressão, adição, agressão.

Privilegiando a autotranscendência da existência humana, a logoterapia de Viktor Frankl vai, segundo nosso modo de compreender, ao encontro da teoria doutrinária espírita, que foca na consciência o sentido do conhecimento das chamadas leis de Deus, ou seja, no autoconhecimento, que proporciona o reencontro com a chamada 'parte boa' de cada um de nós com a essência de nossa existência, capaz de revelar o sentido que se resume configurativamente no caminho que nos leva à esperança do amor. Autoconhecimento seria, portanto, voltar-se para a consciência, objetivando desenvolver o sentido da responsabilidade, quando então o paciente, em qualquer dimensão da existência ou da vida, estaria a caminho da cura.

Finalizando, só podemos dizer o quanto vimos e apreciamos o sentido das imensas possibilidades terapêuticas trazidas com a boa vontade em se buscar desenvolver a mediunidade a serviço da psicografia intuitiva. Renova-se em todos nós o bom ânimo quando nos deparamos com obras como esta.

Nadia Marcondes Luz
Franca, SP, junho de 2013

NARRATIVAS ESPIRITUAIS EM UMA REUNIÃO MEDIÚNICA

Este livro reúne mensagens recebidas ao longo de pouco mais de dez anos com uma característica comum: são relatos da vida de espíritos que se apresentaram espontaneamente. Das primeiras vezes que percebi uma pessoa em estado de perturbação, achei estranho que quisesse se manifestar pela via da psicografia intuitiva. Ele não seria mais bem atendido se, em vez de ditar sua história, pudesse dialogar com um atendente através da psicofonia? Acatei, entretanto, o impulso de redigir os relatos da forma mais fiel possível às emoções e ideias que surgiam de imediato.

Como médium, sinto-me ligado por um tênue fio ao mensageiro. É necessário um esforço de concentração e velocidade na escrita para que a história não se perca. É uma intuição suave, mas imperiosa, que pode evolar-se se não for grafada no papel. Percebo que seleciono as palavras para as ideias que se formam de inopino na mente. Às vezes fogem-me estas palavras, o que gera uma ansiedade de continuidade do texto, o que dura um instante, mas parece ser de minutos. Embora os textos sejam praticamente iguais aos que foram escritos originalmente, eventualmente posso trocar uma palavra ou uma expressão por outra que seja mais adequada ao relato original percebido. O trabalho final passou por uma revisão de texto, em respeito ao leitor. Agradeço ao dr. Alexandre Caroli Rocha esta gentileza.

Com relação aos espíritos, seu grau de lucidez é variado. Alguns sabem que desencarnaram, outros não. Uns têm clareza das consequências de suas ações, outros ainda repetem um discurso rígido, tentando justificar atos vis para si mesmos. Emocionam os relatos de espíritos que, ao rever sua vida, vão operando uma espécie de transformação íntima, como se pode ver no capítulo "O observador". Outros mostram uma sabedoria incomum, traduzida com os elementos de suas vivências variadas.

São vidas em diversos lugares sociais. Um padre, uma camponesa, crianças, jovens de classe média, espíritas, católicos, evangélicos, trabalhadores, perseguidores tenazes, vítimas da culpa, donos de fazendas, e outros personagens se apresentam e se desnudam em suas narrativas. Penso que todas as histórias trazem reflexões sobre o viver, sob a ótica do espírito imortal e consciente.

Guardadas as devidas proporções, o estilo do livro fez-me recordar o material colecionado por Kardec na segunda parte de *O céu e o inferno*, ou as obras magistrais pacientemente gravadas e transcritas por Arnaldo Rocha a partir da psicofonia de Chico Xavier (*Instruções psicofônicas* e *Vozes do grande além*). Lembram também um livro da mediunidade de Divaldo Franco (*Depoimentos vivos*). Como o médium tem uma faculdade limitada, os relatos não trazem a riqueza de detalhes que vemos nestes livros, então peço ao leitor a caridade de não comparar.

Agrupar as narrativas foi uma das tarefas mais difíceis da construção do livro. Como os espíritos têm uma riqueza psicológica própria, é difícil agrupá-los em categorias. Pensando no leitor, dividimos as comunicações em três partes: relatos de sofrimento psicológico, relatos de crimes, ódios ou perseguições; reflexões e instruções. Nesta última parte, encontramos espíritos em condições medianas ou superiores (bondosos ou sábios), que já superaram a condição de sofrimento ou desejo de vingança e seguiram com suas vidas. Eles às vezes nos narram suas dificuldades passadas para nossa reflexão.

Devemos publicar estas histórias? Esta pergunta nos acompanhou por muitos anos, e só decidimos trazê-las ao público quando percebemos que elas contribuem com o desenvolvimento de um pensamento reflexivo sobre a vida ante a perspectiva da morte. Depois de impressas, elas sairão do nosso zeloso cuidado para se mostrar aos olhos e ao pensamento de leitores interessados em conhecer o depois da morte.

Jáder Sampaio
Maio de 2013

Tributo

Ainda criança, ele foi visitado pela dor e pela mediunidade.

Criado na simplicidade, ele aprendeu, desde muito jovem, a importância do trabalho, da solidariedade e da tolerância.

Foi levado à casa espírita pela dor de um familiar e lá se embeveceu com as lições da caridade e a mensagem da esperança.

As faculdades de contato com o mundo dos espíritos se ampliaram com os exercícios sistemáticos que fazia e, antes que pudesse perceber, ganhou a notoriedade no mundo dos homens.

Os versos dos vates brasileiros logo trouxeram os curiosos, da mesma forma que a chama da vela atrai os insetos da noite.

Sua simplicidade logo despertou comentários maldosos que se espalhavam por detrás das expressões de espanto e admiração.

Desde então, o jovem perdeu a intimidade, devassada pelas pessoas que o procuravam com os objetivos mais diversos.

Uns viam nele a encarnação da providência divina e lhe solicitavam o socorro para os males e necessidades do corpo.

Outros viam nele um canal com o mundo dos mortos e buscavam notícias, intercâmbio, consolo para as dores da separação.

Outros, ainda, acreditavam que ele fosse uma diretriz para as suas vidas e lhe levavam os problemas, as dificuldades de relacionamento.

Houve também quem o percebesse como uma inspiração para o trabalho e houvesse aberto frentes de atuação em nome da caridade, buscando nele as orientações sobre como agir. Mas alguns destes se sentiram merecedores da sua atenção e da sua dedicação por causa do trabalho que faziam, roubando-lhe horas preciosas do tempo.

Os céticos o viam com olhos de suspeita e procuravam fraudes, buscaram segundas intenções, vasculharam-lhe a vida íntima, colocaram em questão a honestidade dos seus propósitos e a veracidade de suas faculdades.

E o tempo se passou...

Nosso jovem envelheceu na dedicação. Mudou de cidade, mas continuava o assédio de dois planos.

Dia após dia ele exercitou as faculdades mediúnicas e a mensagem da caridade.

Depois dos poetas, vieram os relatos sobre a vida após a vida, as discussões filosófico-religiosas, os textos de memórias dos que lhe anteciparam a 'grande viagem'.

Vieram as missivas para os familiares, as páginas soltas de sugestões dos habitantes da luz para os que vivem no mundo.

Seus papéis foram transformados em livros, seus livros mobilizaram altas somas de dinheiro, seu trabalho sensibilizou a boa vontade das pessoas de posse que eram atendidas, mas, como o Senhor no deserto, ele disse não à tentação do poder e continuou simples, doou o que lhe chegava às mãos aos miseráveis e às obras de caridade e divulgação da Mensagem e prosseguiu.

Acometeram-lhe diversas enfermidades, mas não pediu aos seres da luz que lhe poupassem da dor. Ele a enfrentou seguindo as prescrições dos facultativos da Terra.

Envolvido no mexerico dos homens, foi posto no centro de questões e questiúnculas. Por mais que agisse no bem, não conseguiu evitar a ação dos que mourejavam nas fieiras do mal. E sofreu ainda...

Durante anos, seguiu o seu trabalho e seus beneficiários temeram a sua morte, não por ele, mas pelo medo de ficarem órfãos.

As autoridades e a opinião pública o premiaram muitas vezes, mas ele perseverou na simplicidade e na continuidade dos seus propósitos.

Hoje volta ao convívio dos seres que lhe embalaram a vida e, como o filho do homem, não tem duas túnicas, mas pode, aos moldes dos mártires cristãos, saudar a eternidade dizendo: "Ave Cristo, os que voltaram a terra para viver em seu nome o saúdam".

(Psicografia inspirada em 19 de julho de 2003, na Associação Espírita Célia Xavier.)

Parte 1

Relatos de sofrimento psicológico

1 – Duas vidas

Fui sacerdote católico... 'Padre', do latim, 'pai', em uma vida passada.

Ouvindo hoje a parábola da figueira, que muitas vezes repeti, autômato que era, na língua mãe do nosso idioma, fico constrangido ao relembrar as oportunidades que perdi.

Fui levado à igreja pelas convenções dos poderosos. Filho de família abastada, desde novo fui obrigado aos estudos necessários para frequentar no futuro o seminário.

Minha alma de jovem detestava os cadernos e professores e ansiava pelas emoções e folguedos próprios das outras pessoas da minha idade.

Fiquei semanas entre o choro contido e a raiva quando fui internado para fazer o curso que antecedeu os votos.

Apesar de conhecer meus pendores e tendências, não ousava desrespeitar as vontades do meu pai, cujas ordens decidiam a vida e a morte dos moradores da minha cidade natal.

Detestava a beatitude da minha mãe. Ela frequentava a igreja-matriz com grande frequência, orava, acendia velas e intercedia pelos pobres. Eu os considerava, melhor dizendo, os desconsiderava por me julgar muito superior.

Acostumei-me com o cotidiano do seminário e aprendi entre uma aula e outra que meus colegas almejavam as igrejas e os cargos nas cidades mais prósperas.

Aos poucos fui mudando meus interesses e entrei em um novo jogo.

Vendo a austeridade de uns e a dissipação de outros, resolvi obter da vida aquilo que me tinha sido negado.

Aprendi que o dinheiro de minha família era capaz de abrir portas e conquistas naquele mundo novo que se abriu aos meus olhos.

Meu coração secou, enregelou-se. Era incapaz de me tocar com as palavras do Senhor ou com os atos das almas caridosas com quem convivi.

Passados os anos, consegui ser a autoridade máxima de uma grande igreja na capital do Império.

Jovem e atraente, consegui inúmeras companhias a me satisfazerem a lascívia e não foram poucas as vezes em que me desfiz delas conseguindo-lhes casamentos de conveniências com filhos de famílias prósperas.

Meti-me na política dos homens, esquecendo-me dos deveres sagrados que Deus me confiou, e iniciei obras que cobriam de ouro e riquezas as paredes da construção que se encontrava sob meus cuidados.

Influente, aprendi logo a agir nos bastidores e a utilizar a intriga e as amizades ao meu favor.

Deixei o socorro dos pobres aos encargos de jovens sacristãos e de outros padres e religiosos, inferiores a mim no quebra-cabeça das influências clericais.

Muitas vezes fiz-me de bondoso e compreensivo ante pessoas humildes para que me admirassem, mas, em minha alma, nada sentia pelos seus sofrimentos e penas.

Vestia-me bem e alimentava-me bem, bebia os melhores vinhos e aguardentes enquanto pregava o jejum e a renúncia aos miseráveis.

Aprendi a ser invisível quando era conveniente, e nunca perdia meus privilégios, não importavam as mudanças que ocorriam nos altares do poder secular.

Posava de intelectual, embora me escasseassem conhecimentos mais sólidos, porque nunca fui devotado aos estudos, mas sempre soube me aproveitar do esforço alheio.

Ganhei honrarias em cima do trabalho de meus subordinados. Os que me ameaçavam o poder, bania com mentiras e os enviava para longe, para o esquecimento.

Passados os anos, senti-me vingado do meu pai, por ter conseguido obter um patrimônio e um poder que ele jamais seria capaz de imaginar.

Afastei-me de minha família e de meus irmãos, só me apresentando em formalidades festivas e em momentos de luto.

Desencarnei ouvindo o coro dos fiéis que me consideravam um homem bom e dedicado.

Passados os primeiros momentos de perturbação, assustei-me por perceber que a vida não se encerrava no túmulo e que as almas infelizes a quem prejudiquei por cobiça, orgulho ou luxúria se voltavam contra mim e me acusavam a plenos pulmões, se pulmões tivessem.

Vi-me pobre, feio e mesquinho, minha verdadeira face, que os espelhos do mundo não eram capazes de refletir.

Senti o chão se rasgar sob meus pés e doeu-me muito me ter entregado às ilusões do mundo, tendo sido conhecedor das verdades do reino que Nosso Senhor nos ensinou.

Figueira seca, sem frutos, é o que fui. Foi tanto o sofrimento que, pela primeira vez em muitos anos, roguei a Deus que me socorresse dos meus perseguidores e que aceitasse o meu arrependimento sincero.

Pedi a ele as chamas do inferno para que pudesse, em meio às dores e ao sofrimento, esquecer a consciência culpada e apagar da memória as vozes acusatórias que me perseguiam pelos campos do purgatório em que me encontrava.

As missas e velas rezadas em meu favor me sufocavam porque me tornei presa fácil do ódio que me repetia as palavras hipócrita e mentiroso.

Não sei como foi que Deus me abençoou com o esquecimento, mas um dia adormeci para renascer no meio das pessoas a quem desprezei por toda vida e que, gratos pelos atos que não realizei, aceitaram receber-me com o corpo defeituoso e em condições de miséria e trabalho.

Tive uma nova vida, difícil, repleta de sofrimentos e faltas, mas abençoada porque me protegeu de meus algozes e de minhas culpas.

Muitas vezes estive em vias de melhorar minhas condições financeiras, mas a mão de Deus alterou as circunstâncias para que eu aprendesse a valorizar os amigos, o amor e a dignidade caridosa, tão presentes entre os que vivem sob o guante das necessidades.

Hoje aproveito a nova oportunidade para que o fruto amargo do meu destino se transforme em doce semente, capaz de brotar em muitos outros para que, quando o meu Senhor me veja novamente, ele possa dizer: "Doce é o seu fruto, que possam suas raízes se fortalecer na terra que o abrigou e suas galhas encherem-se de folhas novas para que um dia volte a ser árvore frondosa no jardim de meu Pai."

Um padre católico

(Psicografia intuitiva, em 30 de agosto de 2008 na Associação Espírita Célia Xavier, após a leitura de *O evangelho segundo o espiritismo*, capítulo 19, "Parábola da figueira que secou".)

2 – Desatino

– Celina! Celina!

Ainda hoje estes gritos me assombram a alma! Ver a pessoa amada morta, com as faces pálidas, foi como ser ferido em minha sanidade.

Ela tinha sido a razão da minha vida, dos meus sonhos e das minhas loucuras de juventude. Pensei que nunca seria possível tê-la quando a conheci, tão bela que era, tão doce, tão vivaz.

Quando ela correspondeu aos meus olhares tímidos e às minhas palavras trôpegas, ébrio que estava como todos os que se deixam embebedar pelos romances da juventude, pensei estar no céu dos poetas e dos anjos.

Nossa vida corria tranquila e venturosa. Os dias eram plenos de entendimento e as agruras do trabalho eram facilmente esquecidas quando voltava ao lar e encontrava aquele presente divino a me esperar, pronta para contar os acontecimentos do dia.

O cotidiano nos presenteou com três filhos que tornavam a nossa vida mais cheia de alegrias e de preocupações. Aquelas almas recém-chegadas ao mundo viam a natureza e as pessoas com seu julgamento direto e aprendiam conosco a entender e a decodificar os homens e os costumes de nossa pequena vila.

Eu pensei que encaneceria acompanhado daqueles seres que me compartilhavam as noites, quando aconteceu o sinistro.

Ver a amada, ou melhor, seu corpo sem vida no chão frio me fez ensandecer. Até agora não sei o que aconteceu ou como ocorreu. Estava tão unido àqueles olhos brilhantes que meu pensamento se turvou e mergulhei na escuridão onde me encontro.

Parece que me esqueci dos pequeninos que, por isso, tiveram que enfrentar a perda da mãe morta e do pai vivo, transformado em um espectro que se arrastava pelo mundo. Perdendo a vontade de tudo e cheio de ódio e de dor, dirigidos ao Senhor dos Destinos, entreguei-me ao curso do tempo como uma embarcação à deriva, tendo os remos à mão, mas sem forças para erguê-los.

Meus parentes se ocuparam de meus filhos, e tal era minha indiferença e loucura que nem me recordo do dia em que eles deixaram de viver comigo. Ficou apenas nos ouvidos o choro da pequenina e seus protestos infantis pela presença da mãe.

Sentindo-me incapaz de retornar aos meus afazeres, decretei-me a morte em vida, alternando momentos de lucidez aos de torpor alcoólico. Condenando-me a cumprir pena no corpo, afastei-me de tudo e de todos até que a morte me tomou nos braços e me levou para uma escuridão maior do que a que tinha experimentado até então.

Vozerio, gemidos, dores... Ouvia a acusação de covardia a me fustigar a sensibilidade e tal era a intimidade da voz que não sei se vinha de outrem ou se era eu mesmo, próximo do arrependimento de minha conduta, quem falava.

Muito tempo se passou até que fosse socorrido, e hoje sei que perdi deliberadamente a infância e a juventude dos meus filhos, consolo que Deus havia colocado em minha vida para enfrentar a prova difícil com a qual havia me comprometido no passado.

Quanta insanidade! Como foi que me entreguei sem lutar?

Até hoje ainda não tive condição de rever a amada, e meus enfermeiros me dizem que enquanto não estiver mais estável ainda há o risco de retornar àquele estado miserável.

Fui trazido por seus orientadores para que pudesse contar minha história e relatar-lhes minha experiência, que, segundo eles, poderá lhes ser útil. Espero que minhas trevas lhes possam trazer alguma luz no caminho e dar-lhes forças quando pensarem em se entregar na vida. Peçam ajuda quando preciso, busquem no fundo de suas almas a força oculta da qual me esqueci e confiem no Pai, sabendo que ele não desampara ninguém.

Prisco

(Psicografado, em 08 de novembro de 2003, na Associação Espírita Célia Xavier.)

3 – Anorexia e obsessão

Eu ainda me sinto fraca após o acontecido.

As dores da alma são as mais difíceis de serem enfrentadas. Elas são tão pujantes quanto as sensações do corpo e nos transformam em marionetes dos nossos próprios impulsos se assim o permitirmos.

Eu era uma jovem considerada bonita e feliz pelos meus familiares e amigos. Vivia uma vida sem grandes perturbações, dada a condição financeira dos meus pais. Nunca faltou alimento, uma roupa da moda ou um mimo em nossa casa. As festas se coloriam de presentes e sorrisos.

Veio a adolescência e com ela os novos impulsos e descobertas. Não sou capaz de dizer quando começou, mas passei a me sentir feia, gorda, e isso me trazia um vazio muito grande na alma.

Entre desalentada e ansiosa, comecei a contar calorias e a desejar ingerir cada vez menos. No princípio, meus pais julgavam que fosse um capricho, uma fase ou um modismo aprendido na escola com as minhas colegas, mas como eu perdia peso a olhos vistos, eles começaram a se preocupar e a pensar que talvez eu tivesse uma doença mais grave a me consumir por dentro, como um câncer.

O espelho era meu algoz. Vinha-me à mente a imagem de jovens belas e sedutoras, e eu me sentia grotesca, muito gorda. Minhas percepções eram de partes do meu corpo, sendo incapaz de conceber que eu tivesse algum traço de beleza.

Desesperada, adotei medidas mais drásticas, provocando o próprio vômito após as refeições maiores, prática que havia encontrado nas páginas da internet. Contava o número de calorias do pouco que ingeria, pretendendo atingir níveis considerados preocupantes pelos profissionais de nutrição.

Meus pais levaram-me a um médico e este não tardou a me encaminhar, após diversos exames que atestavam a inexistência de doenças de base, a uma nutricionista e a um psicólogo.

As conversas e orientações que a profissional de nutrição faziam não encontravam ressonância em mim. Os suplementos alimentares eram deixados de lado, temerosa que estava de engordar ainda mais.

As sessões de psicoterapia seguiam infrutíferas, uma vez que eu me recusava a participar, sendo praticamente carregada pela minha mãe. Eu sentia pavor de falar qualquer coisa do que se passava no meu íntimo, e não tinha forças nem vontade de aderir ao tratamento.

O que meus pais e eu não sabíamos é que, além da minha perturbação alimentar, desafetos desencarnados repetiam na minha mente, cada vez mais frágil, as imagens e sentimentos que eu acolhia, sem forças para empreender uma ação mais vigorosa de repúdio. Sem ter com quem conversar, sem aceitar tratamento, rebelde ao que me diziam, fui mergulhando no vórtice em que me encontrava.

Anemia, desmaios, internações sucediam-se e a minha insanidade aumentava. Acreditando estar cuidando de mim, não percebia que estava roubando as forças do meu corpo e deixando minha constituição cada vez mais frágil.

Meus pais, sob orientação profissional, levaram-me a um psiquiatra, que desejava internar-me para tratamento. Minha mãe se opôs, dizendo que eu não era louca e exigiu que a medicação fosse prescrita para ser administrada em casa.

Alguns dos remédios, não sei dizer quais, davam-me uma sensação de modorra, de sono leve, que me poupava da luta íntima em que me encontrava.

Não sei dizer o que aconteceu. Acho que burlei os cuidados de minha família e tomei uma grande quantidade de remédios, tarde da noite.

Depois, tudo apagou. Eu ainda ouvi a movimentação de sirenes de ambulância e o ambiente de hospital, mas alguma coisa deu errado e eu vim parar onde me encontro.

Passei por momentos extensos de perturbação. Ouvi vozes, senti a presença de pessoas que gostavam de mim, ao mesmo tempo em que ouvia gargalhadas insanas dos que me perturbavam a mente. Sentia-me gorda, muito gorda e muito fraca.

Não sei quem me ouviu os gritos de socorro e as orações que me brotaram do peito, acompanhadas de muitas lágrimas, mas agradeço, humilde, a oportunidade de relatar minha história após anos de sofrimento. Não sei por que, mas me sinto mais leve ao final desta narrativa.

Peço a Deus que console meus pais do sofrimento que lhes causei. A filha saudosa.

Adriana

(Psicografia intuitiva, em 2008, na Associação Espírita Célia Xavier.)

4 – Uma mulher infeliz

Eu me casei com um belo rapaz que despertava os corações de todas as moças da minha cidade.

Achava-o belo e ousado, valente e viril e achei que ele realizaria os meus sonhos de jovem frágil, que desejava ser protegida.

Eu era filha de uma família honesta, respeitada na cidade. Não tínhamos posses, mas não nos faltava conforto.

Ele me conquistou rapidamente, mas o cortejo foi difícil, por causa da vigilância dos meus pais.

Noivamos por alguns anos e, quando ele teve recursos para montar a casa e me sustentar com o seu trabalho, meu pai aceitou o casamento.

Na noite da festa eu não percebia, mas ele me exibia aos amigos como se fosse um troféu. Ele desfilava orgulhoso, sentindo-se importante e despertando olhares furtivos das minhas amigas.

Após o casamento vieram os filhos, e eu era uma boa dona de casa. Cozinhava bem, costurava, lavava, passava, mas estava tão feliz de ter o meu marido e a minha casa que não percebi que aos poucos desaparecia a paixão que ele dizia ter por mim.

Na gravidez do nosso primeiro filho, ele distribuiu charutos para todos os amigos, comemorando a sua virilidade, mas se afastou de mim aos poucos e desenvolveu por costume voltar altas horas da madrugada para casa.

Senti-me feia, pouco atraente e resolvi deixar o tempo passar.

O nascimento do meu filho foi uma experiência maravilhosa. Sentia-me plena e não percebia que ele se afastava mais e mais de mim.

Da paixão ao cotidiano, fazíamos sexo-obrigação, da mesma forma que fazíamos as tarefas do dia-a-dia, e vieram mais filhos.

Tornei-me mãe dedicada, mas começou a faltar dinheiro em casa. Ele foi ficando cada vez mais ausente. Eu comecei a suprir a sua falta como provedor, prestando alguns serviços para fora, envergonhada em princípio de ter que costurar.

Meus pais me alertaram e tentaram me socorrer, mas as necessidades não cessavam.

Ele dizia que os tempos estavam difíceis, que as despesas aumentaram e que o seu salário continuava o mesmo. A verdade era outra.

As vigílias noturnas e a luz de velas fizeram-me fraquejar os olhos e envelhecer precocemente. Dispensamos a empregada e todo o trabalho da casa, além dos extras, pesavam-me nos ombros.

Ele chegava em casa com cheiro de cigarro e álcool.

Não sei quando começou, mas passamos a brigar. As desavenças aumentaram e aquele jovem bonito e sedutor com quem me casei se tornou um homem frio e distante, que passava dias fora de casa.

No princípio ele dizia que eram viagens a trabalho. Depois não dizia nada.

Entrava e saía de casa sem dar satisfações. Chegava irritado e cobrava comida, roupa limpa e passada, deitava e dormia, ignorando-me.

Meus pais foram levados por Deus e passei a lutar com dificuldades. Ele vendeu a casinha que me deixaram e disse que usou o dinheiro para saldar dívidas.

Era muito vergonhoso para uma mulher, naqueles dias, pedir o divórcio. A ideia não me saía da cabeça, mas eu me sentia uma prostituta só em pensar nisso.

"Todos os homens são assim", diziam-me as poucas amigas que ainda frequentavam a minha casa.

O tempo passou e ele me abandonou, deixou-me por outra que não conheci.

Eu acalentei uma mistura de ódio e frieza no coração, que aumentava sempre que passava por alguma dificuldade maior ou via meus filhos passarem por necessidades que eu nunca passara.

Rogo ao Pai, após a minha desencarnação, que me dê forças para perdoá-lo e seguir minha vida.

Espero que minha experiência seja útil às minhas irmãs jovens na Terra, que se encantam pelos rapazes sem lhes conhecer o caráter.

Um espírito feminino

(Psicografia intuitiva, em 2008, na Associação Espírita Célia Xavier.)

5 – O VISITANTE

Somos muitos os espíritos do lado de cá que queremos a oportunidade de comunicar através da mediunidade.

Eu não sei dizer bem onde estava. Sentia-me fraco, confuso. Ouvia o vozerio de muitas pessoas que gemiam e gritavam, como se eu estivesse em um hospital em campo aberto.

Pela manhã, vi as pessoas caminhando, primeiro uma, depois outras e senti que sabiam para onde iam. Levantei-me com algum esforço e comecei a segui-las.

Eu não via quem estava dirigindo aquele grupo de andarilhos, mas tinha confiança de que iríamos para um lugar melhor.

Chegamos ainda de manhã nesta casa. Eu não vi quando chegamos à cidade, só quando passamos pelos portais daqui.

Cada um estava em um estado diferente dos demais. Uns viram as crianças,[1] outros escutavam as músicas que eles cantavam, outros viram feixes de luz durante as orações. Poucos

[1] No sábado de manhã, a sede da Associação Espírita Célia Xavier tem dois grupos de evangelização infantil.

conseguiam conversar com os espíritos desta casa. Eu não os via e achava que os meus colegas estavam loucos.

Aos poucos, fomos nos aquietando e pudemos perceber melhor o que se passava.

A casa que vocês veem não é a mesma que nós vemos. Um jovem me levou para a salinha em que vocês aplicam passes. Para nós é como se fosse um grande galpão, com muitas pessoas em silêncio operoso e recursos armazenados.

Depois que entrei, fiquei com vergonha de fazer perguntas e calei-me.

As mentes dos encarnados também foram se acalmando aos poucos, mas alguns ainda se ligavam com as imagens de sua vida pessoal.

Eu consegui ver um senhor bondoso que colocou a mão na cabeça de cada um dos passistas, acho que era para eles conseguirem irradiar.

Os jovens[2] começaram a entrar na sala. Cada um com os seus problemas.

Quando eu vi uma luz passando pelos passistas e chegando ao corpo dos jovens, fiquei emocionado. Nunca tinha visto uma coisa tão bela depois da morte! Fiquei caladinho, pequenino, vendo o socorro enviado por Deus através dos seus espíritos.

Cada paciente absorvia a luz segundo suas capacidades. Houve quem entrasse e saísse da mesma forma.

Ao longo do trabalho, os passistas iam se impregnando das energias manipuladas pelos espíritos.

Eu não tomei passe, mas só de estar no ambiente, já fiquei mais lúcido. Alguns de meus colegas não conseguiram perceber nada do que estava acontecendo.

---

[2] A reunião de passes referida é voltada ao atendimento dos jovens da mocidade espírita.

Fomos trazidos para esta outra sala.[3] Durante a leitura e os comentários, eu consegui prestar atenção, mas alguns de meus colegas voltaram a gemer e lamentar-se.

O ambiente mudou quando vocês iniciaram as comunicações. Muitos dos meus colegas sentiram medo, outros queriam desesperadamente falar através de um médium. Eu fiquei quietinho, pensando no que havia passado, e me senti ligado ao rapaz que começou a escrever minhas memórias recentes.

Agora estou me sentindo muito melhor. Enquanto eu penso e ele escreve, meu peito e minha cabeça vão ficando leves.

Tenho fé que não voltarei para o lugar onde estava. Obrigado pela ajuda.

Eugênio

(Psicografia intuitiva, em 17 de março de 2006, na Associação Espírita Célia Xavier.)

---

[3] Ele se refere à reunião mediúnica.

6 – Interesses

Quando encarnado, eu acreditava apenas na força do poder e do dinheiro. Via todas as pessoas como interessadas em algo. Para mim, as relações eram móveis para atingir objetivos imediatistas. Sempre que alguém me procurava ou me cumprimentava, eu me perguntava: o que ele quer de mim?

Aos meus olhos, nenhuma instituição passava ilesa ao jogo de interesses. O padre queria o meu dinheiro para a igreja e o meu prestígio para os seus objetivos, nem sempre lícitos. Os partidários políticos queriam um emprego, um cargo, dinheiro, posição, destaque... A família queria usufruir os meus bens, acumulados com muito trabalho e "reciprocidade" dos outros poderosos.

Os pretendentes se aproximavam das minhas filhas pensando nos bens de família. Os outros homens olhavam para minha esposa invejando e cobiçando a sua juventude, beleza e a nossa situação estável. Os amigos assim o eram pela conveniência...

Aos meus olhos, as virtudes cristãs, o amor ao próximo e a ação desinteressada e caridosa eram falácias que os homens, hipócritas, contavam uns aos outros.

Sem que eu percebesse, estava criando ao meu redor uma gaiola de ferro com um cadeado de ilusões que me aprisionou na loucura de crer que todos os homens fossem aves de rapina a se despedaçarem uns aos outros.

Fui me esquecendo das letras da infância, dos catecismos, das histórias e exemplos que minha mãe, meu catecista e a minha professora me contavam e passei a viver neste mundo de aparências e conveniências.

Eis que, morto, fui colocado diante da realidade que julgava ser conhecedor. Eu era um miserável, uma alma mesquinha; ao sabor dos impulsos, constrangi minha esposa aos meus desmandos, embotei minhas filhas, transformei meus filhos em pessoas egoístas e apegadas aos bens do mundo.

Tudo que pensei que era sólido se desmanchou no ar. As amizades que eu cultivei com base na troca de favores choravam em voz alta no meu enterro, mas de alma vazia de sentimentos verdadeiros. Ante o caixão, a esposa, ferida em seus sentimentos e dignidade de mulher, chorou pela minha falta, com medo do mundo, mas aliviada dos mal-estares que lhe havia imposto. As filhas choraram a minha perda, igualmente temerosas e insatisfeitas com os companheiros com quem as fiz se casarem, por serem homens com posses e heranças. Os partidários me enviavam coroas de flores cujo perfume enjoativo não me abandonava os sentidos de morto, pela frieza das belas palavras inscritas na fita que adornava o presente.

Todo o mundo de certezas e verdades que eu havia criado para mim mesmo se mostrou ilusório. Qual não foi a sensação de logro que me invadiu quando lembrei das palavras muitas vezes repetidas na liturgia da missa para a qual eu me arrastava, pomposo, aos domingos, e que me soavam como brasas: “Insensato, ainda esta noite levarão sua alma”.[4]

Hoje, passados anos de tormento e desilusão, trouxeram-me a esta sala e me mostraram pessoas que se reúnem pelos laços de afeto e amizade, que vieram se estreitando com o passar dos anos e que dedicam seus fins de tarde de sábado para cultivar a caridade desinteressada com os mortos. Como me senti pequeno diante de vocês! Aos olhos de um desencarnado, capaz de perscrutar os pensamentos e sentimentos, pude ver a alegria dos amigos que se reviam após um período de descanso. Vocês se abraçavam e ficavam felizes por reverem-se, apenas pelo prazer de se encontrarem. O espírito orientador que me conduziu à sala pediu que eu me detivesse em observá-los e eu fui me sentindo tolo e equivocado. Diz meu novo instrutor que esta é a primeira fase de uma real transformação interior.

Venho, portanto, agradecer-lhes e pedir que se lembrem de mim em suas orações, porque longo é o caminho da volta e espinhosos serão os passos que terei que dar na reconstrução do meu destino.

Saudações.

Antônio Higino

(Psicografia intuitiva, em 22 de janeiro de 2005, na Associação Espírita Célia Xavier.)

[4] O espírito faz referência à parábola do rico insensato (Lc 12,20)

7 – Piedade

Meus amigos, enquanto era sacerdote nas experiências terrenas, ao acompanhar o rito da missa, muitas vezes ouvi e proferi a frase: “Tende piedade de nós”. Ela era destinada ora ao Cristo, ora ao Senhor, antecedendo o pedido de intercessão de Maria, a mãe considerada santíssima na tradição católica.

O Evangelho do Cristo é uma mensagem profunda e desafiadora para todos os homens, e ainda não somos capazes senão de pairar sob a superfície das palavras.

A ética do Cristo demanda ao seu simpatizante o exercício da piedade. Ainda jovem, tendo acabado de proferir os meus votos, eu pensava que a piedade era uma virtude a ser exercida para com o próximo. Em peças de oratória bem cuidadas, nos sermões e nas conversas que tinha com as pessoas que considerava ser o meu rebanho, muitas e muitas vezes aconselhei a compaixão com os pobres e a piedade para com os ímpios.

As situações que festejávamos e comentávamos entre os fiéis eram as que se faziam para com o próximo-distante, aquele que surgia em nossa vida por um instante, súplices ou arrogantes, necessitados ou imperativos, e que insultavam ou pediam algo para depois seguirem o seu caminho.

Organizávamos atividades e tarefas para o exercício da caridade, recebíamos doações de bens para distribuir entre os que nos procuravam, doávamos do nosso tempo, em favor dos desvalidos.

Quantas vezes eu cumpri o meu dever sacerdotal para com pessoas impiedosas de todas as condições sociais? Quantas vezes ouvi confissões que me lancinavam o coração ou rosários de relatos que tinham a crueldade como tônica? Eu acreditava que o exercício da piedade era pleno quando ouvia o criminoso sem o condenar interiormente, quando me eram contadas situações de violência, de abuso ou de loucura nas quais a minha reação interior era a de superar a indignação ou o desprezo e de perceber aquelas almas como carentes do amor de Deus.

Mas, meus irmãos, o exercício das virtudes que acreditava estar colocando em minha vida sacerdotal e as ações, meritórias, é claro, que realizávamos em nossa igreja cristã eram apenas uma pálida preparação para o convite cristão.

A piedade é um imperativo tão mais difícil quanto mais próximo está o nosso irmão. Quanta ilusão a minha em crer que se pudesse ser pio para com o outro distante sem ter compaixão para com os meus mais próximos.

Recordo-me do rigor que tinha para com os meus irmãos de crença, sacerdotes como eu mesmo. Na estrutura eclesiástica, julgava ser um dever meu informar e exigir punições exemplares aos que fugiam aos seus deveres.

Ainda hoje trago na consciência a tragédia daquele jovem sacerdote que se deixou levar pelos encantos de uma jovem do meu rebanho.

Ela me confessou seu conúbio amoroso e, esquecendo-me do meu dever de sigilo, tudo fiz para que o frágil rapaz fosse descoberto e punido pelo bispo. Jovem sem vocação, ele havido sido posto na carreira eclesiástica pela tradição da família. Conformado com um destino que o coração não almejava, ele viu os votos que proferiu apenas com os lábios serem postos à prova pelo olhar furtivo e apaixonado da jovem.

Rigoroso, ao ouvir o relato da jovem inexperiente, pensei logo que se tratava de um daqueles lobos que se vestem com a batina para abusar dos mais fracos.

Impulsivo, não lhe concedi a dádiva do contradito nem a bênção do arrependimento, exigindo seu afastamento imediato, o que fez com que os fatos da confissão se tornassem públicos.

Foram tão grandes a vergonha dos dois jovens, a inclemência da família do rapaz e a dureza no trato dos que lhe deviam ser a segunda família, que, frágil, ele se entregou ao ato infeliz do suicídio.

Ainda equivocado, longe de me arrepender do que fizera, do escândalo que provoquei, orientei a família para que ela não permitisse o seu enterro em "terra santa", como se Deus não houvesse santificado com o seu olhar toda a terra que acolhe o corpo sem vida que um dia foi animado por uma alma pulsante. Nem o consolo das orações dos mais próximos a ele o sacerdote pôde ter em suas exéquias.

Sua jovem consorte, abalada pelos eventos, tornou-se triste e fechada em seus afazeres domésticos. Perdeu o viço e a beleza e transformou sua vida em uma sucessão de dias de trabalho rotineiro. Afastou-se dos outros rapazes e acreditava-se pecadora, em decorrência do meu verbo exigente, de padre que desejava ter um rebanho pulcro, para o culto do meu próprio orgulho e do meu suposto zelo.

O tempo passou e o bem que fiz não me deixou ao abandono. As pessoas que socorri e esqueci não se esqueceram de mim, recebendo-me quando atravessei os umbrais da morte.

Passado o tempo e feito o exame da minha própria consciência, esta nódoa ainda povoa as minhas noites de "sonho" e rogo pelo dia em que Deus me permitirá rogar perdão pela forma com que agi para com aquele que deveria ter sido orientado e acompanhado por mim.

Por esta razão, os meus amigos me trouxeram para que pudesse abrir o coração, confessando-me a vocês, meus irmãos em Cristo, e repetir aquela frase com um novo significado:

"Senhor, tende piedade de nós".

Padre Alberico

(Psicografia intuitiva, em 14 de fevereiro de 2004, na Associação Espírita Célia Xavier.)

8 – Dureza no coração

Boa noite!

Fui trazido a esta Assembleia do Senhor[5] para dar o meu testemunho e pedir ao Filho de Deus que continue sendo a luz do meu caminho.

Antes de conhecer a palavra do Senhor Jesus, eu era um homem do mundo, como qualquer outro, perdido no pecado. Era escravo de muitos demônios que me atormentavam a alma como a do Gadareno, levando-me às mulheres, à bebida, à vagabundagem e a todas as viciações.

No princípio, minha família foi indiferente porque todos achavam que as coisas que eu fazia eram coisas de rapaz-homem, mas como eu nunca criava juízo, começaram a se preocupar comigo, a sofrer com o que eu fazia e com o estado em que ficava após as noitadas. Mãe dizia que não sabia o que seria de mim se eles se fossem, mas eu queria viver a vida e acha-

[5] O comunicante dá mostras de ter uma consciência apenas parcial da sua condição espiritual. Ele tomou a nossa reunião mediúnica por um culto evangélico. (Todas as notas de rodapé são de autoria do médium.)

va que era conversa de gente velha, até que, um dia, acordei em um hospital psiquiátrico na cidade vizinha à nossa.

Eu era presa fácil do demônio, que me fazia tremer, ter pesadelos horrorosos e desejar as noitadas que não mais podia frequentar.

No começo fiquei violento, depois desesperado, depois não sei se foi o remédio que os médicos me davam ou se foi a falta de esperança de sair daquele lugar que me deixou apático e indiferente.

Eram comuns as visitas de religiosos naquele hospital, e como não tinha nada o que fazer, eu assisti um dia a um culto evangélico. O pastor foi ao hospital com um grupo de fiéis, levando a Palavra do Senhor. Ele falou muito, orou e distribuiu os evangelhos pequeninos para os que participavam do culto pela primeira vez. Eu não entendi direito o que ele falava, mas senti que Jesus me chamou, no meio da pregação, dos cantos e das orações.

Decidi aceitar o Senhor após participar de alguns cultos. Larguei o demônio do álcool para sempre. Quando tive alta do hospital, fui acolhido pelos meus novos irmãos que me instruíram e me deram forças para viver a vida nova.

Tornei-me intransigente no Senhor e decidi que deveria dedicar minha vida a trazer as pessoas para o bom caminho, levar a boa notícia para a humanidade em atendimento às Palavras Sagradas.

Minha família disse que estava ficando fanático, mas não me impediu de seguir a minha fé. Depois de um tempo, tornei-me trabalhador honesto e Deus me trouxe a minha companheira do seio da igreja.

Era muito rigoroso em minha casa com os deveres do Senhor. Vestíamos segundo a Palavra, comíamos segundo a Palavra e líamos sempre a Bíblia. O tempo passou e o Senhor não me provou como fez com Jó, dando-me uma vida simples, porém tranquila.

Retornei há pouco ao seio do Senhor, ansioso por sua promessa, e seus anjos vieram buscar a minha alma. Almejo estar sentado à sua direita, mas estou seguindo o que me dizem os enviados, e parece que ainda tenho que esperar um pouco.

Eles me explicaram que eu morri na Justiça, que me arrependi dos meus pecados e que segui a Jesus com sinceridade, mas que ainda tenho um longo caminho pela frente antes de ir ter diretamente com o Senhor.

Eu não sei ao certo qual é o novo plano do Senhor para comigo. Recordo de ter sido rigoroso com o pecado quando ele chegou perto da minha casa e fiz o que o Senhor mandou, cortando fora um membro que era motivo de escândalo[6]. Não me arrependi quando minha filha grávida seguiu o seu caminho e de vez em quando imaginava como estaria o meu neto, mas segui no Senhor, amando mais a Ele. O pastor me pediu que reconsiderasse, mas eu o censurei por não estar vigilante com a Palavra e disse-lhe que podia deixar o demônio, com suas artimanhas, levar a perder a nossa comunidade.

Minha mulher também ficou muito triste, e eu também. Por este motivo, dediquei-me a converter as filhas perdidas na prostituição para a Glória de Deus.

Assim foi a minha vida e dou o meu testemunho, pedindo ao Senhor que na Sua Grandeza possa ter pena da alma de minha filha e salvá-la dos infernos.

O enviado que me trouxe a esta assembleia de fiéis, que é diferente da nossa mas que, pelo que vi, cultiva a Palavra de Deus, disse que eu entenderia um pouco melhor a minha situação, mas confesso que lembrar de minha filha

[6] Ele fez uma interpretação pessoal de Mt 18,7-9.

e do meu neto, perdidos no mundo, me deixou um pouco triste.[7]

Oremos juntos, irmãos, para que Deus, em Sua glória, olhe por eles no mundo.

Um espírito não identificado

(Psicografado por J. Sampaio em 2004, na Associação Espírita Célia Xavier.)

[7] O espírito não se dá conta de que cometeu um ato descaridoso com sua própria filha, mas dá mostras de começar a sentir-se incomodado com o que aconteceu.

Parte 2

Relatos de crimes, ódio ou perseguições

9 – O OBSERVADOR[8]

Há muitos anos estou acompanhando seu grupo. Venho e vejo.

Sua reunião é uma árvore que já enfrentou muitas estações. Tempestades, alternadas com dias ensolarados; queda de folhas seguida de frutos vicejantes.

Hoje tenho consciência de que minha presença foi permitida e talvez desejada pelos invisíveis que, vez por outra, mandam mensagens e orientações a vocês através das muitas mediunidades que compõem a hora do intercâmbio.

Como testemunha que sou, recordo-me dos primeiros dias. A reunião era uma experiência nova para mim e para vocês.

Uma coorte de suicidas passou por seu ambiente psíquico e seus atendentes os fizeram falar de seus males, possibilitando algum alívio e compreensão, às vezes sem muito tato, mas com algumas transformações que me tocavam porque sempre pensei que esses espíritos estivessem condenados à loucura.

[8] Dedicamos esta página à memória de Ada Eda Coturri Magalhães, uma das fundadoras da reunião, que muito se emocionou com esta comunicação.

Também passaram os seus desafetos. Criaturas em diversas condições espirituais. Espíritos animalizados, militares, sacerdotes, mulheres ofendidas, homens magoados... Pensei que vocês não seriam capazes de suportar as verdades do passado, lançadas rude e diretamente à face. Alguns de vocês se retraíam em certas situações, outros ouviam com dignidade e segurança e superavam a si mesmos na tentativa de responder ódio com afeto, rispidez com amor, e eu cheguei a me surpreender muitas vezes com o desabamento de verdadeiros "muros" íntimos, ao influxo das palavras quase sussurrantes.

Hoje vocês não têm mais os médiuns que incursionam no nosso mundo e que buscam almas perdidas com o seu próprio pensamento, mas quantas vezes vocês trouxeram de pântanos ou calabouços imagens da perturbação que elas viviam e lhes restituíram o contato com pessoas queridas. Quantas vezes mudaram o rumo de vidas inúteis de sofrimento.

E por falar em sofrimento, quantos doentes! Um verdadeiro acampamento médico de campo de guerra já se formou aqui. As lamentações chegavam a me atordoar e comprometer a minha lucidez. Muitas vezes me toquei com a perspicácia do atendente que fazia revelar a dimensão maldosa por detrás da fachada de doente, ou que recuperava, ainda que momentaneamente, a autoestima daqueles que à primeira vista pareciam ser inválidos do mundo espiritual.

Outro momento difícil que vi vocês passarem foi com o magote de espíritos endurecidos e malvados que aqui estiveram. Foi um alvoroço do lado de cá. Cada um que abandonava as intenções de continuar com a sua prática e que entregava o seu "cargo" despertava a atenção de outros colegas. Algumas organizações foram quase totalmente desfeitas.

O assédio que vocês sofreram por causa disto não foi maior devido à proteção dos seus companheiros, mas muitos de vocês capitularam, e não foi o sofrimento o móvel do afastamento, mas as insinuações maldosas e as sugestões infelizes. Vocês não têm ideia do mal que causa um mal-entendido. Cheguei a achar que o grupo se desfaria.

Afastaram-se muitos médiuns, mas os que ficaram mostravam a mim o valor e a força de uma amizade verdadeira e franca.

Ao contrário do que vocês pensam, as doenças e dores por que passaram não tiveram a atuação de seus desafetos como causa. Elas, no entanto, me fizeram ver que a proximidade e a ajuda que vocês se dispensaram uns aos outros, com mais ou menos intensidade, fortaleceram os laços que os unem.

Crianças (algumas das quais hoje convivem com vocês no recesso do lar) e espíritos perturbados pela morte, familiares que os antecederam na grande mudança, amigos conhecidos em vida, afetos de muitos anos, dirigentes dessa casa que hoje operam aqui... Passam por meus olhos os momentos de afetividade legítima e de socorro que todos esses amigos que vocês têm, mas não veem, lhes dispensaram.

Chuvas de luz, pétalas perfumadas, bálsamos tranquilizadores, energias refazedoras... Quanta assistência vocês e seus familiares já receberam.

Espíritos gratos pela ajuda que dispensaram a seus afetos, preces sensibilíssimas em seu favor pela dedicação a filhos de mães entristecidas pela dureza dos corações, pais preocupados e angustiados com a perturbação espiritual de seus jovens atordoados pelos efeitos das drogas, avôs e avós de cabelos brancos, sentindo a emoção de reencontrar netos que estavam em perturbação, crianças que puderam ver seus pais, perdidos na tormenta interior de sua consciência.

No começo, isso me parecia um sentimentalismo inútil, mas aos poucos foi me emocionando. Vocês continuavam, apesar das dificuldades... Eu havia feito uma aposta com meus iguais, e ela foi perdendo a razão de ser. O tempo passou e aquele grupo criado na casualidade continuava...

Eu vim dizer que perdi a aposta e que também me toquei quando vi que vocês retornaram ao passe. Também tenho familiares e, mesmo sendo endurecido pelos anos, não deixei de me comover quando vi minha filha perdida há anos do meu campo de consciência, entrando na sala de passes, vestida com um novo e belo corpo, para conseguir algum alívio de suas dores, que não são nada graves, sob as mãos iluminadas de um de vocês.

A vida nos prega peças, a morte muito mais. Deixarei de ser apenas a testemunha silenciosa e fria do ambiente espiritual de sua sala e darei ouvidos a um dos convites que seus amigos me vêm fazendo há anos.

Como bom desportista, vim dizer a vocês que venceram, apertar-lhes as mãos e pedir-lhes que não desistam de seu trabalho, que vigiem seus pensamentos e que conversem sempre uns com os outros quando surgirem ideias estranhas em suas mentes.

Georges

(Psicografia intuitiva, em 21 de agosto de 2004, na Associação Espírita Célia Xavier.)

10 – Sombra do ódio

Eu trago dentro de mim sentimentos negros e sangrentos, filhos do ódio que cultivei por alguém que outrora considerava ser amor.

Esse ódio deixou-me míope, deixou-me como um animal de carga ao qual se põe antolhos e só se dirige para onde é conduzida a fina faixa de visão que lhe restou.

O impulso da dor fustigava-me o corpo e conduzia a alma a regiões do mal, da prática da recompensa da vilania com a vingança.

Ah, a vingança! Como me parecia doce e desejada! Tornou-se a minha finalidade última de existir, minha perversão confessa e minha fragilidade.

Em nome dessa harpia devoradora, eu acedia a todo tipo de conciliábulo, de acordo torpe, de ação vulgar ou condenável.

Pouco a pouco fui perdendo tudo o que me foi legado por minha família: meus valores e minha dignidade.

Era capaz de tudo fazer, às vezes de forma tão inconsequente que me perdi na noite do ódio, na escravidão dos atos irrefletidos, no odor macabro dos corpos decompostos que devorava, na vã esperança de me fortalecer para finalmente realizar o objetivo insano ao qual, aos poucos, escravizei-me.

Jamais imaginei que pudesse me deixar conduzir pelo meu lado vingativo. Ele aos poucos foi alterando meu humor e escravizando minha pétrea vontade. Todas as minhas energias passaram a ser manipuladas habilmente para a realização do mesmo ensejo maléfico daqueles que passaram a compartilhar comigo os novos ideais, as mesmas vontades, os mesmos objetivos malsãos.

A ingenuidade das vítimas transformava-as em presas fáceis de ser abatidas e vampirizadas. Antigamente, o medo do demônio assombrava as mentes inocentes, que, em reação aos impulsos da alma, se voltavam ao bem e às forças luminosas da ética e da moral, como fortalezas onde se encastelavam contra os pensamentos e intuições destrutivos.

Hoje, contudo, nós lhes perguntávamos: o que é a moral? Como pode um homem ilustrado e racional ceder aos valores do passado e ouvir as vozes de seus pais e mestres, quando o mundo está ao alcance das mãos?

Tornei-me uma espécie de algoz, não apenas impiedoso, mas jubilante com cada vontade que cedia aos meus ataques sutis.

Não mais ódio insano da violência corporal, mas o veneno destilado e imperceptível das quase silenciosas palavras que conduziam cada um ao seu abismo pessoal.

Ninguém mais teme ao demônio, nem ouve os anjos. Todos se perderam na imprecisão semântica da nova moral, insidiosa, imprecisa e sedutora.

Jovens recém-saídos da infância entregavam-se aos meus cuidados ante o olhar invigilante dos pais. Estudantes fragilizados pelo vínculo com seus pares cediam facilmente aos meus encantamentos suaves, que lhes chegavam aos ouvidos de carneirinhos pelos belos lábios de seus iguais.

Adultos jovens abandonavam seus relacionamentos, ouvindo meu doce canto de sereia, a lhes prometer um mar de rosas e um mundo de sensações jamais vividas.

Até os velhos, os que já haviam vencido centenas de obstáculos e barreiras, cediam, confusos, às ideias insidiosas que lhes minavam os alicerces seguros que haviam construído.

Cada ação, cada sugestão, cada narcótico ou alucinógeno que minhas ovelhas tragavam trazia-me um sentimento nefasto de satisfação, mas ao mesmo tempo despertavam mais e mais o ódio que eu cultivava e o cheiro de sangue nas mãos, principalmente na destra.

Fui cobrindo-me de andrajos, e minha triste figura não mais condizia com a nobreza que um dia pude ostentar.

Fui tornando-me escravo da vingança, que, como uma droga hipnótica, vai deteriorando a alma, embriagada pelo doce sabor das palavras insanas.

Um dia, despertei. Como um personagem de ficção mediúnica e profunda, pude ver minha imagem no espelho do escuro Letes que me conduzia aos interesses vis de meus comparsas.

Eu me tornara alguém muito pior do que os que me fizeram mal. Tinha atrás de mim um séquito fúnebre de outros que, como eu, alimentavam-se do ódio pelas minhas ações, assim que adquiram agência de seus destinos no *post-mortem*.

Ao tomar consciência do inferno que eu mesmo criara para viver, gritei angustiado, a plenos pulmões, sem saber como se desenovelar de todos aqueles seres de rapina que eu próprio auxiliara a criar.

Eu me tornara um Hades sem poder no mundo inferior, acorrentado aos mortos que ajudei a destruir e que ressurgiram do pó, quais fênix.

Chorei amargo e arrependido, tomado de horror de tudo o que minha vida, ou melhor, minha morte se transformara.

Finalmente entendi que há um poder maior que o ódio e a determinação. Um poder aparentemente fraco e vulnerável, mas que na verdade ergue do pântano o verme mais vil e o transforma em um ser capaz de desejar a segurança de uma nova terra verde, coberta do perfume das flores e da companhia melódica das aves.

Saí da escuridão das sombras do mais íngreme desfiladeiro da alma e soergui ante a visão de um facho de luz que surgiu do nada e me chamou de filho.

Eu, em minha triste figura andrajosa, recordei um dia ter sido abraçado e beijado por uma alma lúcida e amorosa que me tomou por filho.

Por fim, envergonhado dos meus atos, qual criança que descobre o olhar doce e sereno dos pais, deixei, espero que para sempre, aquele mundo de dores e sofrimentos, de ódios e vinganças, de perversões e mesquinharias, e hoje confesso todo o mal que fiz em busca do arrependimento e da reparação com milhares e milhares de pessoas que, em um século de trevas, persegui com os sentimentos e ações oriundos do lugar mais escuro de minha alma.

Um obsessor

(Psicografia intuitiva, em 26 de novembro de 2011, na Associação Espírita Célia Xavier.)

11 – Obsessor

Eu já peregrinei por muitas reuniões espíritas[9]. Sou aquele que vocês se comprazem em chamar de obsessor, mas não sei se vocês seriam diferentes de mim, se tivessem passado pelo que passei.

Como muitos outros frequentadores[10] de sua reunião mediúnica, eu já tive contato com os ensinamentos cristãos. Passei mais de uma encarnação devotado às letras das palavras de Jesus e fui testemunha ocular dos horrores que eram feitos em nome do Mestre. Mesquinharias, atos libidinosos, interesses e perversidades de toda ordem foram cometidos por meus pares. Por fim, eu e a minha família fomos atingidos pelos interesses seculares dos representantes eclesiásticos.

[9] O espírito apresentou-se irônico e irritado com as reuniões de atendimento espiritual.

[10] Ele se refere aos espíritos que comunicam nela.

Hoje acho curiosa a leitura e a interpretação que vocês fizeram do Evangelho.[11]

Quantas vezes procurei as faculdades de um médium para abrir o meu coração em chagas e fui recebido com jargões e instruções, pequenos truques de conversão, que já eram empregados há muitos anos, antes que o Espiritismo estivesse entre os homens.

Vocês não são capazes de imaginar o meu desapontamento. Tendo sido vítima, sou tratado como se fosse algoz. Tendo sido ferido e tendo reagido com vigor, sou recebido pelos espíritas, a nova esperança do cristianismo na Terra[12], como se não tivesse direito a voz e à defesa legítima.

Citações do Evangelho, palavras frias emitidas por um cérebro sem coração, claramente percebido por nós, que afastados do corpo podemos verificar pensamentos, palavras e ações.

Quanto desapontamento!

Agora, à medida que minhas palavras são escritas, eu vou esvaziando o meu coração do ódio injurioso que me acometeu.[13] Sou capaz de perceber a insanidade em que me envolvi com meus impulsos odiosos, e vou me sentindo vazio, triste, sem esperança.

Oxalá possa ouvir uma palavra confortadora como a do paroquiano que me catequizou na juventude e que me mostrou os caminhos da vocação.

Um espírito perturbado

---

[11] Foi lida a página "Não vos afadigueis pela posse do ouro", capítulo 25.

[12] A expressão é empregada com um tom sarcástico.

[13] O espírito começa a sentir a influência de um acompanhante em condição superior.

Espíritas, católicos ou evangélicos, não importa a designação. Todos são discípulos do Cristo em luta contra as suas dificuldades íntimas. Possam ser novamente a luz do mundo, capaz de aquecer os corações que sofrem.[14]

Um paroquiano

(Psicografia intuitiva, em 7 de julho de 2007, na Associação Espírita Célia Xavier.)

[14] Comunicação dada pelo espírito que acompanhava o sofredor, imediatamente após a conclusão de sua história.

12 – Crimes de polícia

– Criminoso, criminoso!

Eu fico ouvindo essas vozes que me acusam de ter praticado crimes enquanto era vivo.

– Mentirosos! Bandidos! Hipócritas!

Fui trazido a esta reunião para conversar e contar sobre meus atos a vocês.

Fui policial na vida que passou. Treinaram-me com brio e exigência. Durante minha formação, fui detido muitas e muitas vezes por causa de atos delituosos menores. Meus superiores diziam que isso fazia parte do meu aprendizado.

Formei-me em meio às festas de gala, com farda especial e logo fui destacado para uma cidade de grande porte, para servir em um batalhão que era responsável por uma área de cobertura grande, que envolvia muitos lugarejos pobres.

Quando iniciei as atividades de polícia na rua, fui logo aprendendo que era necessário fazer algumas coisas que não eram ensinadas na academia, se eu desejasse combater efetivamente o crime e os bandidos.

Vocês iam dormir na segurança de suas casas à noite, e eu patrulhava e era chamado pelos meus superiores para cumprir o meu dever.

Troquei tiros, com medo de perder minha vida e deixar a minha mulher e filhos com uma pensão minguada que não lhes asseguraria o futuro.

Desde cedo eu e meus colegas decidimos que não iríamos tombar na mão de bandidos.

Eu vi crianças sendo torturadas pelos pais; mulheres que eram espancadas pelos maridos bêbados, com medo de denunciá-los e ficar só na vida; vi pobres coitados serem utilizados por pessoas ladinas, que nunca eram presas ou mesmo identificadas.

Um dia, fui convidado por um colega, após suportar calado o riso de um bandido que eu prendera ao ser solto pelo delegado. Ele me convidou para fazer a justiça que os juízes, delegados e todo o sistema de segurança pública não eram capazes de fazer.

Não havia volta. Era um pacto de sangue e silêncio.

Nos dias de folga, saíamos em trajes civis, armados de pistolas com número raspado, algumas delas tomadas de bandidos durante as batidas, para executar elementos perigosos.

O líder do grupo, ao qual demos um nome que não posso revelar, identificava os alvos e nos conduzia para o “serviço”.

Da primeira vez, tive sonhos à noite, nos quais via o sangue e a expressão do cadáver que desovamos em um terreno baldio, já conhecido pelos colegas experientes.

Nossas atividades eram clandestinas, mas a serviço da comunidade, continuaram com o passar dos anos. Algumas vezes éramos recebidos à bala, mas não morremos na mão de criminosos.

Vocês não nos compreendem, nós fazíamos o serviço sujo que era necessário. Estupradores, assassinos, traficantes, espancadores contumazes, ladrões jovens, todos foram sendo surrados, avisados ou executados para o bem do nosso batalhão e da sociedade que protegíamos.

Um dia um dos nossos quebrou o voto de silêncio e nos denunciou aos superiores.

Eles nos detiveram como se não soubessem o que fazíamos. Hipócritas!

Tiraram nossa patente, nossos uniformes e tivemos baixas desonrosas.

A dor foi muito grande e não sei como consegui sobreviver após a vergonha que nos impuseram.

Hoje, depois da morte do meu corpo, eu fico ouvindo as vozes que me acusam de criminoso, iguais às dos bandidos que "apagamos".

O que aconteceu comigo? Fiquei louco? Perdi a força? Não sou mais capaz de ser mais forte que os problemas?

Alguém me ajude, antes que eu fique louco.

Cabo Prates

(Psicografia intuitiva, em 11 de agosto de 2007, na Associação Espírita Célia Xavier.)

13 – Mentiras de Guerra

Fui enganado pelos brancos. Eles me prometeram liberdade se lutasse em favor dos estancieiros.

Eu era escravo na fazenda do sul, trabalhava na produção de charque, vigiado de perto pelos empregados dos donos da estância.

Não sei direito o que aconteceu. Os coronéis se reuniram contra o imperador. Alguns pessoalmente, outros enviaram emissários para nos convencer a lutar pela liberdade e por um novo país onde brancos e negros conviveriam livres.

Eu tinha muito medo da guerra. Nasci no Brasil e acho que não herdei o sangue guerreiro dos meus antepassados, mas não queria que meus filhos vivessem a minha vida miserável de até então.

O exército dos estancieiros não era tão igual quanto o país que eles diziam que construiriam.

Fui conduzido ao regimento de lanceiros, não tinha botas nem aprendi a usar armas de fogo. Éramos negros e pobres nos lanceiros. Os coronéis nos colocavam à frente nos campos de batalha, seja nas terras pantanosas ou em campo aberto, onde éramos alvos fáceis dos balaços que vinham das tropas do Império.

Os feridos não tardavam a ter suas chagas marcadas pelo mau cheiro e pelo pus que apodrecia o corpo.

Quando tínhamos sorte, éramos alvejados nos membros e podíamos ter o corpo parcialmente amputado, mas não perdíamos a vida.

Após algumas vitórias, vieram a fome e a morte nos campos de batalha. A sorte mudou e meus companheiros caíam como moscas.

Finalmente chegou a minha hora, e meu orixá veio me retirar do corpo trucidado pelas baionetas dos soldados inimigos.

Eu morri cheio de esperança, porque acreditei que meus filhos e minha família teriam melhor sorte, mas qual o quê!

Veio o fim da guerra e os estancieiros assinaram um acordo com o imperador. Renderam-se, mas a grande maioria dos coronéis continuou rica, dona de posses e de recursos. Meus filhos cresceram e viveram a mesma vida que eu tive.

Senti ódio. Sacrifiquei minha vida por mentiras!

Fiquei meio louco, gritava de dor e uivava nos ouvidos dos que me sacrificaram em vão.

Continuei a vagar nos pampas, como um negrinho do pastoreio, um boitatá assombrador de gaúchos, perturbando o sono dos piazinhos brancos e colocando ideias malvadas nas cabeças das mulheres.

Prossegui depois da morte em uma batalha contra os mentirosos, até que as forças foram me faltando e meus antepassados vieram me buscar para retornar à vida.

Hoje, mais uma vez liberto de algumas vidas de sofrimento e dor, vidas em que fui branco, negro, rico e pobre, volto à pátria dos antepassados com o coração cansado de sentir ódio, com as muitas experiências da dor que sofri e fiz sofrer.

Hoje sei que não faz sentido agredir os que nos enganaram e que perdoar é a melhor forma de viver livre.

Um escravo

(Psicografia intuitiva, em 11 de agosto de 2007, na Associação Espírita Célia Xavier.)

14 – História Infeliz

Seus amigos me trouxeram para contar a minha história, que parece poder ajudar a outros.

Cresci como um animal selvagem quando em seu meio, seguro de mim mesmo e desdenhando a tudo e a todos. Não aceitei, desde a infância, as orientações de meus pais, que eram pessoas simples e iletradas, e que me orientavam a respeitar os mais velhos.

Escolhi, na minha juventude, amigos tão perturbados quanto eu mesmo, essencialmente inseguros e com sentimento de pequenez, que eles procuravam ocultar a si mesmos dizendo-se espertos e vivendo em função das suas vontades imediatas.

Não posso culpá-los pelas tolices que cometi, como o fazia minha velha mãe, que acreditava no meu lado bom e desejava-me sempre o bem.

Cresci mais ignorante que meus pais, que acumularam a sabedoria da vida prática. Envergonhava-me deles e logo abandonei os estudos que eles custeavam com o sacrifício de seu conforto, na esperança que eu tivesse uma vida melhor.

Encantei-me pelas roupas provocantes e rebeldes, pelos hábitos agressivos e pelo veneno do deboche, que destilava largamente e voltava contra o padre da vila, os professores da escola, os trabalhadores, as autoridades, a polícia...

Nesta posição frágil em que me encontrava, acreditava-me merecedor do bom e do melhor, e esperto o suficiente para obtê-lo sem ter que trabalhar.

Não existia em meu tempo o perigo branco das drogas, mas sempre existiram as bebidas fortes como a cachaça e o conhaque, dos quais me tornei um consumidor contumaz.

Exibindo tantas fraquezas aos meus supostos amigos, não tardou que fosse utilizado por eles para cometer pequenos crimes e extorsões, inicialmente. Acreditava-me invulnerável. Como fui tolo! Não demorou muito tempo até que fosse preso e torturado pela polícia. Posso dizer-lhes que conheci o inferno em vida, padecendo de tuberculose no catre fétido em que fui colocado.

Não devo passar-lhes muitos detalhes, apenas pedir-lhes que não se descuidem das crianças que estiverem sob sua guarda, ensinando-as a respeitarem as coisas respeitáveis. Despertem neles o sentimento de autovalorização, cuidando pacientemente do desenvolvimento de suas possibilidades.

O homem que me trouxe pede também que lembre a vocês da importância de cuidar dos filhos de lares destruídos ou malformados, que se alastram nos dias de hoje como uma epidemia. Cada um de vocês sabe o que pode fazer, seja no seu próprio trabalho, seja no dia a dia, junto à sua comunidade, seja como voluntário em trabalhos de cunho social.

Agradeço a atenção que dispensaram à minha história, espero que ela possa servir de alerta a pessoas responsáveis, já que muitos dos que se encontram no meu estado são incapazes de atinar para o futuro que estão construindo, aí mesmo no mundo.

Alguém beneficiado pelos seus trabalhos

(Psicografia intuitiva, em 20 de maio de 2000, na Associação Espírita Célia Xavier.)

Parte 3

Reflexões e Instruções

15 – Saudades

Saí há pouco do estágio de perturbação e fui trazida por seus mentores para falar da minha experiência pessoal, na esperança de que isso me faça bem à alma e seja instrutivo a todos.

Eu era professora na última vida, dedicada ao trabalho e ao meu marido. Não tinha filhos ainda, mas eu era jovem e esperava tê-los em minha casa, que cuidava com desvelo e atenção.

A vida não era fácil nem difícil; eu alterava trabalho, família e lazer. Os problemas na família de meus pais e dos pais de meu marido corriam dentro da faixa da normalidade e não me geravam maiores aborrecimentos.

Levávamos uma vida financeira tranquila e eu conduzia nossos negócios como se fossem durar por muitos anos ainda.

A morte sempre foi uma espécie de tabu entre nós, um tema sobre o qual se evitava falar, fruto da nossa educação.

A vida corria seu ritmo quando ocorreu o acidente. Meu automóvel perdeu o controle ou eu desfaleci, não sei ao certo. Senti a dor de ver a carne moça se romper ante o impacto penetrante das ferragens que me dilaceraram o corpo e os sonhos.

O momento é ao mesmo tempo rápido e demorado. Senti a dor de perder o corpo jovem e as esperanças do futuro que acalentava. Por minha mente, passaram o meu marido, meus pais, meus amigos, meus colegas de estudos e uma dor pontiaguda me cortou o coração: eu os havia perdido.

Queria chorar, mas o corpo não me respondia. A boca se encheu de sangue que brotou de minhas entranhas, de meu peito perfurado. A consciência se turvou, os olhos perderam a luz e eu quis gritar, mas a voz não saía, eu chorava sem lágrimas, eu pedia socorro apavorada, sem lograr obediência de meus órgãos que já não respondiam mais ao meu comando.

Passada a brutalidade do momento, eu continuava atônita, sem entender direito o que se passava comigo e por que me haviam deixado sozinha.

O pensamento ficou desordenado, a cabeça girou, eu ouvi vozes, vi vultos, mas não entendia o que estava acontecendo comigo.

Não sei quanto tempo fiquei nesse estado de torpor, confuso. Só me recordo que me ajudavam e que alguém conhecido estava junto de um grupo de socorro que me levou para um outro lugar.

Hoje sei que desencarnei. Depois de recobrar a consciência, ainda fiquei um período entre a lucidez parcial e a perturbação. Tudo era tão novo, tão diferente da vida a que estava acostumada, tão ameaçador, que eu desejava estar morta: não existir. Parece que minha falta de conhecimento da morte dificultou a recuperação.

Quando fiquei mais estável, chorava horas a fio, pedia que me devolvessem a minha casa, que me trouxessem meu marido, que não me deixassem longe do meu cãozinho. Eu acusava o meu marido e os meus pais de terem me abandonado, recusando-me a enxergar a realidade da distância que nos separava.

Uma moça passou a me visitar todos os dias e aos poucos eu fui fazendo amizade com ela e me acalmando. Os momentos de revolta e insanidade espaçaram-se. Coisa esquisita, eu achei que tinha sonhos, pesadelos, dos quais acordava sobressaltada e ansiosa.

O tempo passou e estou em recuperação. Sei que ainda não estou pronta para rever minha família, mas o coração dói muito com a solidão.

Minha amiga me disse que meu estado é muito comum por aqui, porque a maioria das pessoas vive a vida sem se preparar para a morte. A princípio me pareceu muito mórbido, mas fui entendendo que a visita da morte chega e pode chegar a qualquer momento. Eu senti inveja dos espíritas que já sabem dessas coisas, mas minha amiga me disse que eles não se preparam adequadamente para a morte, apesar de conhecerem um pouco a vida de cá. Essa preparação não se faz apenas com a cabeça, mas com o coração.

Quem sabe eu já não pudesse pelo menos ver os meus queridos se estivesse mais bem preparada? Já sei que não adianta tentar agora, então vim contar a minha história para vocês.

É a primeira vez que tenho contato com pessoas vivas, e a emoção é grande, mas não me perturba mais. Agradeço a vocês esta oportunidade, que ajudará na recuperação e na preparação para reencontrar os meus queridos. Um beijo a todos vocês.

Saudades mil!

Daniela

(Psicografia intuitiva, em 2004, na Associação Espírita Célia Xavier.)

16 – A BÊNÇÃO DO ESQUECIMENTO

Faz alguns anos que deixei a experiência corporal para retornar ao mundo dos espíritos.

Minhas crenças e conhecimentos toscos da realidade da vida me fizeram crer que seria levado a um tribunal, onde seria julgado pelos crimes e pelas boas ações que havia feito em minha vida.

Na verdade, posso dizer que tive por juiz a minha própria consciência. Se ela não me acusava de nenhum grande crime, visto que fora um homem honrado, de certo que não me deixou de apontar as oportunidades perdidas. Creiam que me doem mais as oportunidades que perdi junto aos mais próximos a mim, cuja distância ainda me incomoda muito.

É impossível esquecer as almas que compartilharam comigo as horas de intimidade da família.

Para nós, como para vocês, a dor da ausência consome as horas, faz dificultar a respiração, dá pontadas no coração e às vezes me faz chorar copiosamente, desejando estar ao lado de quem já não mais me partilha as horas.

Tendo passado por essas emoções e experiência enquanto encarnado, não ouso comparar em qual das realidades da vida doem mais as úlceras da alma.

Se me deixasse levar pelos momentos de recordação, talvez passasse horas a fio perdido em divagações, sem disposição de ânimo para continuar trilhando o caminho da existência com que Deus nos presenteou um dia.

Nessas horas, que têm se tornado cada vez mais esparsas, o auxílio dos novos amigos que venho cultivando aqui é essencial.

Aos poucos, me vejo mobilizado por novos sonhos e realizações que me permitem utilizar melhor o tempo e a oportunidade de que agora disponho.

Creio que minha melancolia se agravava ante os reclames da culpa de ter perdido oportunidades. Uma palavra de mágoa dirigida a um ente querido, um momento precioso de convívio roubado pelas mesquinharias da vida, um desentendimento não resolvido, um ato de agressividade incontrolada... Cada uma dessas situações, que o orgulho não permitia reconhecer, agia como energia poderosa para o pântano da melancolia contra o qual me debatia em vão, sentindo às vezes que me faltariam forças e que me afogaria novamente, como se fosse possível morrer fora do corpo.

Para mim, distanciar-me e esquecer um pouco tem sido uma bênção e uma oportunidade de me perdoar e de me reconstruir para reiniciar as experiências corporais.

Assim espero poder voltar um dia ao mundo dos espíritos com uma bagagem plena de boas recordações, das boas coisas que terei feito junto aos meus entes queridos. Por isso acredito na mais bela das virtudes cristãs, a esperança, e rogo para que o calor dessa estrela possa aquecer o coração triste dos que aí se encontram vivenciando a mesma situação pela qual passei.

Raúl

(Psicografia intuitiva, em 2 de novembro de 2002, na Associação Espírita Célia Xavier.)

17 – História de uma mulher católica

Na última encarnação, vivi bastante influenciada pelo credo católico que escolhi como o roteiro para a vida.

As missas, as festas religiosas, os ritos de confirmação, batismos, casamentos, crismas e até mesmo a extrema-unção enchiam meu coração de religiosidade e minha vida de fé nos valores cristãos.

Morei em uma cidade pequena, na qual as notícias corriam em boca pequena e as palavras do padre conduziam muitas pessoas.

Quando alguns vizinhos começaram a fazer reuniões em casa para evocar os espíritos, o assunto correu como pólvora em nossa pacata comunidade.

O padre rezou uma missa em que não poupou palavras de crítica às ovelhas desgarradas do rebanho do cordeiro de Deus.

Até hoje me lembro de suas palavras. Ele leu no Pentateuco a proibição à prática de conversar com os mortos. Citou a derrota de Saul, que falou com o profeta Samuel através de um oráculo.

Com o *Novo Testamento*, o Padre João contou a parábola do mau rico, a quem foi proibido voltar para avisar as pessoas queridas da má situação em que se encontrava. "Eles têm a Moisés e aos profetas ...",[15] estava escrito no texto santo.

Alguns irmãos de crença, mais exaltados, chegaram a jogar pedras na casa dos meus vizinhos. Muitos cortaram suas relações com os convertidos. Houve situações constrangedoras em muitos lugares, como a venda que não mais lhes deu crédito, por serem consideradas pessoas estranhas.

As crianças diziam que haviam visto o sacrifício de animais, como galinhas pretas, e não havia limites à imaginação do povo.

Com o tempo, passado o mal-estar inicial, as coisas foram se aquietando.

Os espíritas pagavam o mal com o bem, faziam caridade e continuavam com as suas reuniões. Todos viram que eram boas pessoas e até o Padre João deixou para lá os assuntos espíritas.

Alguns amigos ficaram curiosos e foram lá ver o que se fazia. A maioria deles saía dizendo que era coisa de gente ignorante, outros liam no jornal que a parapsicologia explicava tudo, alguns ficaram com medo porque os espíritos diziam coisas de sua intimidade, mas muito poucos passaram a frequentar o centrinho que passou a fazer parte do dia a dia da cidade, assim como a praça, os botequins e os sinos da matriz aos domingos.

Eu era uma católica pia e nunca me permiti entrar naquela casa. Ajudava o Padre João nas festas, fazia caridade e cumpria com meus deveres de dona de casa, esposa e mãe.

Passaram-se os anos, o Padre Alberto fechou os meus olhos e encomendou a minha alma.

[15] Lucas 16,29.

Eu pensei que encontraria a Virgem Maria e os anjos de Deus, mas vi que a vida continuava após a morte. Fui recebida por compadres e comadres que haviam ido antes de mim e o próprio Padre João me ajudou após o período de perturbação por que passei.

Aqui, com saudades dos filhos e dos netos, lembrei da parábola do rico e, assim como ele, senti vontade de contar aos familiares que a vida continua.

Eles têm à Bíblia, mas cada vez menos aceitam o que está escrito nela e se deixam levar pelo que se diz nas escolas e na televisão.

Então pedi ao padre que me perdoasse, e é a primeira vez que venho a um centro espírita, não receber, mas tentar mandar notícias para os meus.

Os espíritos que me deram acesso à reunião já me disseram que o médium não tem recursos para registrar os nomes e endereços. Eu mesma acho esquisito ele escrever os meus pensamentos com umas palavras bonitas, que eu não sabia falar quando estava viva.

Então oro a Deus que minhas palavras cheguem a todos os jovens de hoje, que eles possam ter juízo e se valorizarem para não terem que sofrer durante a vida mesmo. Não tenham medo da morte, ela é uma continuação daquilo que fazemos da vida.

Quem sabe estas palavras não chegarão aos ouvidos dos meus? Glória a Deus, que é poderoso!

Marilda

(Psicografia intuitiva, em 21 de abril de 2007, na Associação Espírita Célia Xavier.)

18 – História de uma Médium

Fui médium há muitos anos, quando a humanidade, ainda impressionada com as pequenas descobertas da ciência, se emancipava da tutela da religião ocidental.

Vivi uma época difícil e controversa, em que pessoas trabalhavam à exaustão ao lado de pessoas que enriqueciam com poucos anos de indústria.

Nasci em uma família de pequenos comerciantes nem simples, nem rica. Ainda adolescente apresentei os sinais da mediunidade. As mulheres eram educadas de forma diferente dos homens.

Minha família, a princípio, estranhou as percepções e os fenômenos que aconteciam comigo. Minha mãe achava que eu podia ser algum tipo de endemoniada ou louca, mas eu era dócil quando não estava em estado sonambúlico, o que acontecia de vez em quando.

Meu pai, desiludido das receitas e temeroso do tratamento que os médicos podiam me dispensar, interessou-se pelo movimento espiritualista nascente e desde cedo me vi em reuniões familiares que me ensinavam as artes de escrever com a cesta e, depois, diretamente na lousa.

Foram frustradas as tentativas de se obter comunicações impressas diretamente sobre o papel, sem o concurso de instrumentos, mas eu era muito receptiva às ideias que os espíritos faziam escrever sobre a lousa.

Durante a minha juventude e até o meu casamento, eu produzi muitos trabalhos que causaram uma impressão vívida às pessoas que frequentavam o nosso círculo familiar. Contudo, não havia senão o interesse nos fenômenos, e as minhas obrigações de jovem senhora me ocuparam o tempo e me afastaram do convívio com os espiritualistas. Tive uma vida trivial, às vezes marcada por pequenos incidentes de ordem mediúnica.

Não havia ainda um roteiro ou uma diretriz de vida oriunda do diálogo com os 'mortos', como existe hoje.

Vivi dirigida pelos valores e costumes da religião anglicana.

Fui uma mulher honesta, criei meus filhos, vivi com honra e depois da morte tive consciência que minhas faculdades poderiam ter sido colocadas a serviço de um trabalho maior e mais substancial, que não tive forças nem interesse por realizar. Eu não via com clareza qual era o sentido do intercâmbio com os espíritos para a humanidade.

Hoje vejo como aquele movimento influenciou e influencia a vida de todos vocês neste país do novo mundo. Venho trazer-lhes uma palavra de incentivo para que continuem com as atividades mediúnicas, doutrinárias e assistenciais.

Possa Jesus abençoá-los pelo bem que fazem a quem mal conhecem.

Uma médium

(Psicografia intuitiva, em 23 de abril de 2005, na Associação Espírita Célia Xavier.)

19 – A CRECHE

Quando eu era pequeno, eu gostava muito da creche! Na minha casa, às vezes não tinha comida, era frio, entrava água quando chovia e a minha mãe batia muito em nós. Os homens dela às vezes bebiam muito e nós ficávamos com medo!

Na creche, não! A professora era brava, mas não batia na gente não, só colocava de castigo. Eu tinha muitos amiguinhos. E os brinquedos... Escorregador, pula-pula, aquele brinquedo de rodar...

Era lá que a gente comia. Tinha café da manhã, merenda, almoço e jantar. Na sala de aula tinha lápis de cor, massinha, blocos de montar. Nós fazíamos trabalhinhos e pregávamos na parede.

Todo dia tinha uma coisa nova para fazer. Às vezes tinha passeio de ônibus e a gente ia para o zoológico, fazer visitas em lugares diferentes.

Além disso, tinha as festas. Festa junina, Páscoa, Natal, Dia da Criança, Semana da Pátria...

Lá não tinha lugar para a gente jogar bola, mas às vezes a gente chutava bola de meia e outras coisas no pátio.

Eu me lembro de tudo até hoje. Quando cheguei lá, eu chorava e chorava, mas depois eu ficava esperando o dia de colocar o uniforme depois das férias para ir para a creche.

Vim dizer a vocês que essa foi a época mais feliz da minha última vida. Sei que vocês têm uma creche igual à que eu ia, então vim dar uma força para os que trabalham nela.

Não quero lembrar de coisas tristes, então hoje vim falar só de alegria.

Alegria, amigos!

Uma criança

(Psicografado intuitiva, em 12 de fevereiro de 2005, na Associação Espírita Célia Xavier.)

20 – Uma espírita retorna

Meu filho.

Bendita mediunidade que nos faz retornar e que permite que possamos falar da nossa vida, dos erros, dos acertos...

Fui espírita na vida pregressa. Quanta coisa linda eu aprendi! Emociono-me só de recordar as reuniões, as preces, os hinos, os oradores que enchiam auditórios imensos e que falavam de Jesus e de Kardec.

Eu me emociono também ao lembrar dos trabalhos, dos pobres que chegavam aos montes procurando uma ajuda. O centro que frequentei preparava cestas branquinhas de alimentos, recebia as mães, muitas delas jovens que mal haviam parado de brincar com bonecas, e ensinava-lhes a puericultura.

E as reuniões mediúnicas! Eu vi médiuns famosos, espíritos endurecidos no mal, perseguidores tenazes... E quanto socorro às vítimas! Quantas pessoas beneficiadas liberadas de casos intrincados de obsessão! Quantos doentes com um componente espiritual se viam livres de suas dores!

Filho, minha tristeza quando eu penso na minha vida passada é com a minha família. É fácil ajudar os que não conhecemos, mas como é difícil ajudar os que nos conhecem.

Eu não me sinto falida no mundo dos espíritos, mas podia ter sido mais paciente, mais carinhosa. Quem sabe não teria chegado mais perto do coração dos meus filhos?

Cansei de ouvir histórias de inimigos reencarnados no mesmo teto, e hoje acho que muitos se acomodam nessas ideias para justificar o pouco empenho com os seus próprios familiares.

Os dirigentes já estão encerrando, não é mesmo? Eu já dei meu recado, já lavei minha alma e recebi orientação de não entrar em mais detalhes.

Cuidem bem dos seus irmãos mais próximos, usem suas forças e sua inteligência para amá-los e aceitarem seus amados.

Espero poder voltar neste grupo tão afetuoso e irmão.

Uma companheira

(Psicografia intuitiva, em 09 de junho de 2007 na Associação Espírita Célia Xavier.)

21 – Uma voz do Velho Continente

Irmãos em Cristo.

Vivi uma época difícil para o Espiritismo no continente[16], especialmente em meu país.

As autoridades eclesiásticas se imiscuíam nos poderes do Estado e a Igreja Romana impunha suas crenças, valores e práticas aos meus compatriotas.

Influenciados pela filosofia livre, que apontava corajosamente os absurdos, as incoerências e sofismas do romanismo, muitos de meus amigos se insurgiram contra o controle das consciências pessoais e lutaram pela liberdade de expressão.

O Espiritismo, codificado por Kardec, chegou ao nosso país como uma esperança de conciliação dos sentimentos e valores cristãos com a razão.

Muitos próximos a mim se apaixonaram pela doutrina dos espíritos, e o temperamento mediterrâneo, exaltado, fez com que não poupassem esforços para divulgá-la.

[16] Ele se refere ao continente europeu.

O custo pessoal não era pequeno. Perseguidos em seus trabalhos, apupados pelas mentes fanatizadas ou imaturas, mal vistos por seus vizinhos, quantos tiveram que sorver fel durante suas vidas dedicadas ao consolador.

Depois veio a perseguição oculta pelas convulsões sociais. A guerra, esta devoradora insaciável de sonhos e de vidas, acompanhada da insanidade paranoica que acomete as mentes menos lúcidas, possibilitou a investigação e a tomada de patrimônios, assim como a perseguição às vidas dos que corajosamente se diziam espíritas.

O fim da guerra cobriu o movimento de meu país com um manto negro, e como os cristãos romanos do primeiro século, os espíritas mantiveram em pequenos grupos clandestinos a chama do intercâmbio com as forças do além.

Ainda nos dias de hoje, no continente, a intolerância política e a mofa se constituem obstáculos à livre divulgação do Espiritismo de Kardec, visto pelas massas como uma ideologia ou como uma fantasia defendida por mentes ingênuas.

Quando minha alma visita o Brasil e pode ver a profusão de portas que se abrem ao intercâmbio com os espíritos, penso emocionado: que lugar maravilhoso!

As recordações das lutas passadas para escrever, divulgar e defender a doutrina dos espíritos se desvanecem diante dos meus olhos e encho-me de esperança.

Adiante trabalhadores do consolador! Ergam suas vozes em favor do Espiritismo. Não esmoreçam se houver obstáculos e dificuldades a serem superados. Os pioneiros velam por vocês e sempre haverá socorro aos que elevam seus pensamentos em súplicas aos céus.

Continuem no trabalho e recordem-se de nossas lutas, passados mais de cem anos de dores e incompreensão.

Não se acovardem na justa defesa do direito de crer e apresentar as ideias oriundas do diálogo com as sombras, nem se intimidem com as hostilidades que os opositores possam lhes endereçar.

A vida continua e o futuro que Deus reservou às almas que buscam o bem é generoso.

Um espírita espanhol

(Psicografia intuitiva, em 26 de maio de 2007 na Associação Espírita Célia Xavier.)

22 – Satisfação

Conheci esta casa de trabalho em idade mais avançada, depois de ter peregrinado por muitas terras desta grande e generosa pátria sob o imperativo da profissão.

A Federação[17] houve por bem publicar algumas de nossas pequenas reflexões sobre a prática mediúnica, sempre assediada pelo sincretismo religioso e pelos atavismos do passado.

A casa de Célia foi o pouso definitivo até a libertação do corpo de carne, já alquebrado.

O companheiro Ysnard Ennes[18] e outros comprometeram-se com a guarda e publicidade dos livros que recolhi e colecionei ao longo da vida, para uso público. A família não se opôs a este último gesto, que exigiu desprendimento. Apesar de ter estudado durante anos que eu não os levaria após a morte, nos evangelhos de Jesus, não pensem que foi fácil ver os livros serem levados, triados e preparados para o uso dos frequentadores da casa.

[17] Federação Espírita Brasileira.

[18] Ex-Diretor da Associação Espírita Célia Xavier.

Hoje acompanhei a visita à biblioteca. Após anos, com uma ação generosa, a direção da casa colocou-os realmente ao acesso do público. Aquela doação tornou-se um celeiro de luz.

As pessoas procuram o acervo às centenas e vão criando na casa um público erudito em matéria de conhecimento espírita. A biblioteca tem uma função consoladora, e as almas em conflito podem encontrar nas páginas do livro espírita a orientação segura para a superação de seus problemas.

Vejo hoje que o trabalho da minha vida se tornou um tesouro nos céus. Vez por outra, sinto o pensamento e as emoções superiores provocados pela leitura. A coleção pessoal tornou-se bem público, e o bem sempre retorna a nós pelas mais diversas vias.

Praza a Deus que essa iniciativa ímpar dos companheiros encarnados, que honraram a sua palavra, se estenda, amparando as novas gerações de espíritas que renascem ansiosos por aprender e recordar suas vivências espirituais.

Despeço-me com satisfação.

A. Valente

(Psicografia intuitiva, em 5 de abril de 2008, na Associação Espírita Célia Xavier.)

23 - Evangelização infantil

Eu estive nesta sala de manhã e vi o trabalho que estava sendo feito com as crianças.

É bem possível que alguns pais não entendam nem divisem direito o que acontece quando seus filhos são trazidos a uma casa espírita, para as atividades de evangelização.

As crianças são espíritos que já viveram anteriormente e que trazem adormecidas em suas almas as experiências passadas, que não adormecem de todo, temperando a sua personalidade.

As ideias espíritas sobre a vida e o comportamento das pessoas são muito diferentes das que se veem em outras instituições de sua cidade.

Se a criança nasce em um lar em que o Espiritismo, mais que uma religião, é um estilo de vida, e se ela complementa sua experiência em uma comunidade espírita, as ideias espíritas são inscritas em sua alma da mesma forma que a língua materna é gravada em sua consciência na presente encarnação.

Futuramente, alguns desses espíritos, que já dão mostra de sua própria origem, irão se reencontrar com antigas ideias e hábitos, hoje travestidos com ares de modernidade. O impacto deste reencontro será maior ou menor na dependência do quanto essas experiências infantis ficarem inscritas em sua vivência atual.

Pude observar as diferentes tendências daquelas almas, hoje infantis, e por alguns instantes constatei os impactos que as atividades realizadas em sala de aula lhes causavam.

Algumas dessas crianças foram céticos por conveniência, outras racionalistas estéreis, outras viveram uma vida passada conduzida pelos impulsos, outras foram trabalhadores simples, algumas trazem mágoas profundas de seus familiares atuais, outras lutaram por causas nobres... Quanta variedade de perfis. Uma "chuva" de conceitos e ideias caiu sobre suas almas, com reações e impressões diversas.

Fiquei muito impressionado com essa tarefa que vocês fazem. Comentei com meus amigos que, se os pais e professores tivessem noção da sua influência sobre as crianças, talvez se preparassem melhor, cuidassem mais das aulas, se preocupassem um pouco mais com o compromisso da evangelização de seus filhos.

Pais, vocês que conhecem melhor a personalidade e os conflitos de seus filhos, não menosprezem a influência de uma aula bem preparada sobre as atitudes em formação, nem a superestimem.

Evangelizadores, não hesitem ante a dúvida natural que lhes ocorra quando começarem os problemas e as dificuldades para participar de seu trabalho. Preparem com carinho suas aulas e pensem em seus alunos ao fazê-las, desenvolvendo sempre seus conhecimentos, habilidades e a capacidade de compreensão dos 'pequenos'.

Se os evangelizadores pudessem conhecer um pouco a vida pretérita dos seus discípulos, talvez compreendessem um pouco mais as resistências e brincadeiras. Entenderiam que, muitas vezes, o que lhes parece ser fracasso em matéria de aula é na verdade sucesso.

Ouvindo esses comentários, um dos responsáveis de sua reunião pediu que eu viesse relatar minhas impressões.

Ele comentou sobre a luta e as dificuldades que evangelizadores voluntários e pais trabalhadores enfrentam para que a tarefa saia da forma que está, mas aquiesceu sobre a necessidade de manter a chama acesa e os olhos no futuro.

Chegou a noite e retorno ao meu aprendizado, na esperança de que minhas palavras lhes sirvam de incentivo.

Um aprendiz

(Psicografia intuitiva, em 2006, na Associação Espírita Célia Xavier.)

24 – Reflexões de uma camponesa

Na minha última vida na Terra, fui da roça. Achava que a labuta era um castigo de Deus, pelos pecados que eu tinha. Eu acordava de manhã cedinho e ainda estava escuro. Colocava a lenha no forno para esquentar o café. Meus filhos e meu marido saíam para o trabalho.

O mais velho tirava o leite das vacas quando ainda estava escuro e trazia para eu ferver o que nós íamos tomar e para fazer queijo para vender, junto com minhas filhas. Depois, ele soltava as vacas com os bezerros no pasto.

Os outros filhos e meu marido iam cedo para a lavoura. Eles trabalhavam na terra o dia inteirinho. Nós levávamos o almoço e eles voltavam para casa jantar de tardezinha.

À noite todo mundo ficava junto, sentava na porta para ver o céu, ou eu e as meninas costurávamos com a luz de lamparina, até que as vistas ficavam cansadas.

No domingo ninguém trabalhava. A gente colocava a melhor roupa que tinha e ia para a igreja, na cidade, ou para a capela das fazendas, assistir à missa. De tarde era só descanso e visita.

Nossa vida era sempre trabalho, descanso, amigos. Os homens gostavam de um joguinho de cartas.

Hoje vocês levam uma vida tão custosa que dá medo voltar.

Para muita gente, não tem domingo, não tem noite, não tem nada. Só trabalhar e fazer curso. Trabalham tanto que nem tem tempo para ver os filhos direito.

Se a gente não cuida dos filhos, a vida se encarrega deles. Tem menino que é tão levado, que mesmo com muito cuidado ele ainda apronta.

Hoje as pessoas ficam sonhando com carro, com casa, com coisa para pôr dentro de casa; daí não tem tempo para jogar fora porque não tem mais lugar para guardar as coisas que compram.

Tem gente que trabalha muitos dias e gasta tudo numa janta, e está sempre devendo aos outros. Parece com aqueles homens que jogavam valendo e bebiam muita cachaça. Eles perdiam tudo o que tinham e depois ficavam por aí, jogados.

Hoje tem gente que nem dorme direito porque trabalhou tanto, mas tanto, e comprou tanto, mas tanto, que está com dívida até o pescoço.

Perdoe se eu penso alto as minhas preocupações com a vida de hoje.

Eu queria que todo mundo vivesse muito, mas muito mesmo, e que aproveitasse muito tudo o que faz de vocês gente feliz. A família, sua casinha, seu trabalho, seus amigos, as horas felizes, as noites de sono, o amor e as suas coisinhas que vocês foram juntando para a casa de vocês ficar mais bonita.

Não esqueçam dos pobres nem dos amigos em dificuldade. Não esqueçam nunca da família, porque quando acontece um problema com alguém da família, esse problema acaba sendo de todo mundo, até quando a gente diz que não tem nada com isso.

A bênção, e Deus abençoe vocês todos.

Maria

(Psicografia intuitiva, em 23 de agosto de 2008, na Associação Espírita Célia Xavier.)

Índice Temático

Adultério, capítulo 4.
Alcoolismo, capítulo 8.
Ambiente espiritual da casa espírita, capítulo 5, 9, 22, 23.
Anorexia, capítulo 3.
Arrependimento, capítulo 10.
Atendimento espiritual (doutrinação), capítulo 9, 11.
Biblioteca espírita, capítulo 22.
Centro espírita, capítulo 20.
Consumismo, capítulo 24.
Conversão religiosa, capítulo 8.
Creche, capítulo 19.
Depressão, capítulo 1.
Desencarnação, capítulo 1, 3, 6, 8, 15.
Divórcio, capítulo 4.
Educação infantil, capítulo 14, 19, 23.
Escravidão, capítulo 14.
Esperança, capítulo 16.
Espírito obsessor, capítulo 9, 10, 11.
Espírito com mentalidade infantil, capítulo 19.

Estado de perturbação, capítulo 15.
Evangelização infantil, capítulo 23.
Figueira que secou, a, capítulo 1.
Grupo de extermínio, capítulo 12.
Guerra, capítulo 13, 21.
Impiedade, capítulo 7, 8.
Interesses, capítulo 6.
Intolerância religiosa, capítulo 17.
Lei de causa e efeito, capítulo 1, 12.
Manipulação - capítulo 1, 6.
Mediunidade, capítulo 18.
Movimento espírita espanhol, capítulo 21.
Niilismo, capítulo 10, 17.
Ódio, capítulo 10.
Perdão, capítulo 13.
Perversão, capítulo 10.
Paranoia, capítulo 6.
Passes, capítulo 5, 9.
Perda de entes queridos, capítulo 2.
Poder temporal, capítulo 1, 6.
Plano espiritual, capítulo 1, 3, 5.
Preparo para a desencarnação, capítulo 15.
Psicografia, capítulo 5.
Rebeldia, capítulo 14.
Reencarnação, capítulo 1.
Relacionamento conjugal, capítulo 4.
Relacionamento familiar, capítulo 8, 14, 15, 16, 20, 24.
Relativismo ético, capítulo 10.
Reunião mediúnica, capítulo 5, 9, 11, 17.
Tristeza, capítulo 15, 16.
Saudades, capítulo 15, 16.
Workaholism, capítulo 24.

O Médium (Jáder dos Reis Sampaio)

Sou natural de Belo Horizonte, a cidade que foi desenhada para ser capital das Minas Gerais. Fiz meus primeiros estudos no Instituto "Coração de Jesus", situado na Nova Suíça e depois me formei técnico em eletrônica pelo CEFET-MG. Após um início malfadado no curso de engenharia elétrica da UFMG, e uma rápida passagem como estagiário na Rede Globo, criei coragem e passei no vestibular do curso de Psicologia da Federal. Ainda na graduação publiquei meu primeiro trabalho, o que me descortinou a possibilidade de seguir carreira universitária.

Como a vida é cheia de idas e vindas, passei dois anos em Montes Claros, onde lecionava inglês para sobreviver, mas tinha o prazer de estar casado com a Tatiana, amor da minha vida e mãe de minhas duas filhas, que só fariam parte desta história sete anos depois. Eu havia feito um curso livre na Escola de Tradutores e Intérpretes de Minas Gerais, e concluíra o curso de tradutor. Nesta cidade, fiz o curso de especialização em psicologia do trabalho e desenvolvimento organizacional, com a equipe da Universidade de Brasília, o que foi muito importante na minha escolha de área de atuação.

Voltamos para Belo Horizonte, onde fiz o curso de mestrado em administração na UFMG. Trabalhei como pesquisador na Fundação João Pinheiro por dois anos e depois tive a alegria de ser aprovado em concurso público na Federal. Dando início à carreira, lecionei muitas disciplinas na área de psicologia do trabalho, ocupei alguns cargos acadêmicos e, finalmente, cursei o doutorado em administração na USP. No doutorado me foi dada a liberdade de estudar a motivação de voluntários e a cultura organizacional de uma organização espírita. Durante o período em que estive na UFMG, até me aposentar, publiquei bastante, entre organização de livros, capítulos de livros, artigos em revistas especializadas e outras formas de publicação para divulgação.

Minha história no espiritismo começa no berço. Meu pai era expositor, dirigente de reuniões mediúnicas e responsável pela formação das pessoas para trabalhar com a mediunidade nas casas espíritas, o que ele fazia no Grupo Espírita Emmanuel e na União Espírita Mineira. Eu, contudo, filiei-me à Associação Espírita Célia Xavier, ainda na adolescência, e tenho estado nesta casa desde o final dos anos 1970. A trajetória pelas atividades da casa foi longa: reuniões públicas, campanha do quilo, voluntário em biblioteca, encontro com famílias assistidas, evangelização infantil de filhos de frequentadores e de crianças em situação de vulnerabilidade social, palestras, cargos de gestão, responsável pela livraria, articulista de jornal, são algumas das atividades de que me recordo. Participei da primeira Confraternização de Mocidades Espíritas de Belo Horizonte - COMEBH e depois me convidaram a participar de comissões organizadoras deste evento que acontece até hoje. A vida, no entanto, é inexorável e me levou a outras atividades.

Ainda no doutorado, interessei-me pelas publicações espiritualistas de Alfred Russel Wallace, colega de Darwin na teoria da evolução das espécies. Meus tios o admiravam como naturalista e desconheciam sua produção espiritualista. Em nosso grupo de estudos, realizados aos sábados no "Célia", estudávamos Darwin e descobrimos o lado espírita de Wallace. Percebi que suas pesquisas sobre a imortalidade da alma não estavam em língua portuguesa. Comecei então, enquanto viajava de São Paulo para Belo Horizonte, o trabalho de tradução, que já tem dois frutos: O aspecto científico do sobrenatural e Diálogo com os céticos. Ao contrário da minha expectativa, os textos foram muito bem recebidos pelo movimento espírita, mesmo sendo técnicos e escritos em uma linguagem filosófica do século XIX.

No início do século XXI, fui convidado por um notável espírita paulistano a integrar a Liga de Pesquisadores do Espiritismo - LIHPE, onde continuo dando minha modesta contribuição. Em parceria com o Centro de Cultura, Documentação e Pesquisa do Espiritismo - Eduardo Carvalho Monteiro, temos incentivado a aproximação entre pesquisadores, acadêmicos ou não, interessados na doutrina ou no movimento espíritas. Com o apoio incansável da equipe capitaneada por Júlia Nezu, voltamos a organizar encontros nacionais, que este ano chegam a sua nona edição. Já temos publicados quatro livros da série "Pesquisas Brasileiras sobre o Espiritismo", composta dos melhores trabalhos apresentados nos encontros nacionais presenciais, e, graças à generosidade de duas professoras da Unifran, os pesquisadores da LIHPE têm podido publicar suas dissertações e teses na coleção "Espiritismo na Universidade", que foi inaugurada com o meu Voluntários.

A psicografia começou a ser desenvolvida após anos, na nossa reunião do "Célia Xavier". Não vejo, nem ouço os espíritos, minha faculdade é intuitiva. As ideias se formam ao mesmo tempo em que escrevo, ou as escrevo assim que se formam. Não tenho movimentos involuntários, ou automáticos. O que posso dizer é que os textos se formam em uma situação de consciência precária, porque, quando começo a escrever, não sei como irei terminar, e às vezes nem sei qual é o conteúdo central da produção em curso. Deste trabalho, já foi publicado o livro Casos e descasos na casa espírita, de autoria do espírito Conselheiro, que já se encontra em sua segunda edição, apenas seis meses após sua publicação.

Por fim, uma palavra para uma atividade nova, que faço desde março de 2007. Trata-se do "Espiritismo Comentado", um blog de reflexões e análises sobre temas espíritas, que já conta com mais de trezentos mil acessos de pessoas de mais de cem países diferentes.

Conheça o blog do autor: http://espiritismocomentado.blogspot.com.br

mais ▾ Próximo blog»

ESPIRITISMO COMENTADO

9.7.13

DESENCARNA HERMÍNIO MIRANDA

Hermínio (05/01/1920 - 08/07/2013)

Hermínio (05/01/1920 - 08/07/2013)

"O pássaro agora voa liberto. Nós, que não mais podemos vê-lo, já sentimos saudades do seu canto." Jáder Sampaio

Na década de 80 a União Espírita Mineira, em associação com a Aliança Municipal Espírita de Belo Horizonte, trouxe três estudiosos do espiritismo para um seminário sobre mediunidade. Jorge Andréa dos Santos, Suely C. Schubert e Hermínio C. Miranda.

Hermínio estava incomodado com o púlpito. Não era expositor, dizia, apenas escritor. Assentado, com um maço de páginas nas mãos, começou a ler seu discurso. E que discurso! Superado o impacto inicial de ouvir uma leitura, as palavras dele criavam vida após sair do papel. Eram tantas informações e com tanta elegância, que eu me dividia entre as anotações furiosas que fazia e a atenção necessária para acompanhar cada nuance, cada expressão, cada frase. Se ele temia o público, arrisco minha opinião póstuma: ele fez bonito!

As biografias foram também uma de suas paixões. Ele publicou diversas, recuperando para o movimento espírita personalidades que passariam despercebidas nos dias de hoje, apesar de sua relevância. *Guerrilheiros da Intolerância* (Lachâtre), *Hahnnemann, apóstolo da medicina espiritual* (CELD), *O pequeno laboratório de Deus* (Lachâtre) e *Swedenborg, uma análise crítica*, são alguns dos exemplos.

Visualizações a partir de jun 2008

325,257

Tradutor

Translator Widget by Dicas Blogger

Share It

Share this on Facebook

Tweet this

View stats

(NEW) Appointment gadget >>

Pessoas que não perdem nenhuma novidade no EC

Participar deste site
Google Friend Connect

Membros (652) Mais »

- (28)
- Associação Espírita Terceirense (2)
- Associação Jurídico Espírita de Minas Gerais (1)
- Associação Médica de Minas Gerais (2)
- Associações Médico-Espíritas (5)
- Astrid Sayegh (6)
- Atendimento a Espíritos Desencarnados (3)
- Aurélio Valente (2)
- Auschwitz (1)
- Auto-de-Fé (2)
- Barcelona (1)
- Bazar Virgílio Pedro de Almeira (2)
- Belo Horizonte (5)
- Benoit Jules Mure (1)
- Bezerra de Menezes (8)
- Bhagavad-Gitã (1)
- Biblioteca Aurélio Valente (1)
- Bienal do Livro (2)
- Blogspot (3)
- Brincadeiras (2)
- Budismo (1)
- Bíblia (1)
- Bíblia de Jerusalém (1)
- Cairbar Schutel (1)
- Camille Flammarion (3)
- Campanha de Natal (1)
- Campanha do Quilo (3)
- Canuto Abreu (1)
- Caridade (1)
- Carlos Bernardo (1)
- Carlos Imbassahy (2)
- Carnaval (1)
- Casa de Etelvina (1)
- Casos e descasos na casa espírita (6)
- Catalepsia (1)
- CCDPE-ECM (16)
- CEERJ (3)
- Censo 2010 (2)
- Centro Espírita Irmão Frederico (1)
- Centro Espírita Luiz Gonzaga (1)
- Centro Espírita Luz (1)

Casos e Descasos na Casa Espírita

Esta obra reúne histórias que ajudam a refletir sobre as dificuldades ocorridas no ambiente da instituição espírita, através de personagens construídos de forma factível, mas ficcionais. O autor espiritual apresenta narrativas ao mesmo tempo realistas e psicológicas, detendo-se no mundo dos pensamentos e sentimentos de suas criações.

O Aspecto Científico do Sobrenatural

Alfred Russell Wallace foi um dos mais geniais pensadores do seu tempo. Autor, junto com Darwin, da teoria da evolução das espécies a partir da seleção natural, foi posto à margem da história da ciência pelo simples fato de ter-se ocupado das pesquisas do espiritismo.

O aspecto científico do sobrenatural foi recebido com frieza pela comunidade científica, que tinha por posição oficial considerar indignos de sua atenção os fenômenos mediúnicos, o que levou o autor a condenar a atitude dos críticos, que descartavam *a priori* os fenômenos espirituais sem sequer conhecê-los com clareza.

Diálogo com os Céticos

Esta obra apresenta fenômenos autênticos que retiram os milagres dos fatos espíritas e os explicam com embasamentos naturais e científicos. Trás a definição do termo 'milagre', a evidência da realidade dos milagres, objeções modernas aos milagres, a necessidade do testemunho científico...

Além de atualíssima, esta obra é de urgente divulgação entre os pesquisadores contemporâneos do espiritismo, nesta época em que observamos as pesquisas espíritas adentrarem novamente o universo acadêmico.

As Vidas Sucessivas

Uma das mais importantes obras espíritas de todos os tempos. Apesar de publicada em 1910, transferindo o conhecimento da reencarnação para os domínios da ciência. Descreve com detalhes os procedimentos do magnetismo animal para colocar um indivíduo em estado sonambúlico e nele promover a regressão ou progressão da memória. O estado de lucidez sonambúlica não conseguiu ser atingido, em sua plenitude, por nenhum outro processo posteriormente desenvolvido.

Diversidade dos Carismas

Esta obra é um dos mais completos estudos já realizados sobre a mediunidade. Apresenta três módulos distintos: o primeiro destinado a documentar problemas básicos que o médium costuma enfrentar; o segundo para estudar mais atentamente aspectos particulares do animismo; e, finalmente o terceiro, no qual se toma para análise a mediunidade em si mesma.

Memória Cósmica

Psicometria é uma interessantíssima faculdade mediúnica que permite ao sensitivo descrever a história de qualquer objeto apenas tocando-o. Estudada pelo espiritismo, a psicometria já é conhecida pela ciência e utilizada em investigações policiais e pesquisas arqueológicas. Em *Memória cósmica*, Herminio Miranda apresenta e comenta relatos impressionates de fenômenos de psicometria

Esta obra foi impressa pela Markpress Brasil Indústria Gráfica Ltda, de São Paulo, SP, mil cópias, todas em formato fechado 160x230 mm e com mancha de 90x160 mm. Os papéis utilizados foram o ofsete Alta Alvura (Suzano) 75/m^2 para o miolo e o cartão Supremo Alta Alvura (Suzano) 300g/m^2 para a capa. O texto foi composto em Utopia STD. A revisão do texto foi feita por Alexandre Caroli Rocha. A programação visual da capa foi elaborada por César França de Oliveira.

AGOSTO DE 2013